Tessloffs großes schlaues Antwortbuch

# WARUM?

TESSLOFF

© 1994 – 2005 Kingfisher/Larousse plc
© der deutschen Ausgabe 2007 Tessloff Verlag,
Burgschmietstr. 2 – 4, 90419 Nürnberg
www.tessloff.com

ISBN 978-3-7886-1491-1

Aus dem Englischen von Lioba Schafnitzl,
Regina Schneider, Dr. Eva Dempewolf und
Dr. Erich Übelacker

Gestaltung der Reihe:
David West Children's Books
Titel der Originalreihe: "I Wonder Why"

Published by arrangement with Kingfisher
Publications plc

Alle Rechte vorbehalten. Kein Teil
dieses Werkes darf in irgendeiner
Form (durch Fotokopie, Mikro-
kopie oder andere Verfahren)
ohne vorherige schriftliche
Genehmigung des Verlags
reproduziert oder unter
Verwendung elektronischer
Systeme verarbeitet, verviel-
fältigt oder verbreitet werden.

## Urzeit

10 Was ist Vorgeschichte?
12 Seit wann gibt es Leben auf der Erde?
14 Wann erschienen die ersten Fische in den Meeren?
16 Wann eroberten Pflanzen das Land?
18 Warum bekamen Fische Beine?
20 Wann tauchten die ersten Reptilien auf?
22 Welche Reptilien setzten sich durch?
24 Waren Dinosaurier die Könige der Lüfte?
26 Woher kamen die Vögel?
28 Gab es zu Zeiten der Dinosaurier auch Säugetiere?
30 Woher wissen wir, dass Dinosaurier ausgestorben sind?
32 Welche Tiere herrschten nach den Dinosauriern vor?
34 Wer war Lucy?
36 Was versteht man unter Eiszeiten?

## Historische Völker

40 Wer waren die alten Ägypter?
42 Wer regierte im alten Ägypten?
44 Wer war der Krokodilgott?
46 Was sind Mumien?
48 Wozu baute man Pyramiden?
50 Warum saßen Ägypter gerne auf dem Dach?
52 Woher kommt das Wort „Papier"?
54 Wer waren die alten Griechen?
56 War Griechenland „ein" Land?
58 Wo lebten die mutigsten Krieger?
60 Warum hatten die Schiffe lange Nasen?
62 Wer war die Göttin der Weisheit?
64 Warum trugen Schauspieler Masken?
66 Weshalb gab es Olympische Spiele?
68 Wer waren die alten Römer?
70 Wer regierte Rom?
72 Was ist die römische Schildkröte?

74 Welche Götter hatten die Römer?
76 Wer wohnte in Hochhäusern?
78 Aßen die Römer Pizza?
80 Wer ging im alten Rom zur Schule?
82 Wer wurde den Löwen vorgeworfen?

# Der Mensch

104 Ist mein Körper genauso wie der von anderen Leuten?
106 Wie bewege ich mich?
108 Woher komme ich eigentlich?
110 Wo bleibt mein Essen?
112 Wie weit kann ich in einer Stunde gehen?
114 Warum kommunizieren wir?
116 Unterstützen unsere Sinne die Kommunikation?
118 Was sagen wir durch unsere Körperhaltung?
120 Wo leben die meisten Menschen?
122 Welche Stadt schwebt in den Wolken?
124 Wer wohnt in einem Langhaus?
126 Wie leben die Menschen in der Wüste?
128 Warum gibt es in der Wüste Lehmhäuser?
130 Wer wohnt im Regenwald?
132 Leben noch heute Menschen in Höhlen?

# Das Mittelalter

86 In welcher Mitte lag das Mittelalter?
88 Warum hatten Burgen eine Zugbrücke?
90 Warum trugen Ritter eine Rüstung?
92 Gab es auf Burgen Klos?
94 Warum trugen Könige und Königinnen Kronen?
96 Warum aß man mit den Fingern?
98 Mussten Kinder zur Schule gehen?
100 Warum lagen Bücher an der Kette?

# Das Weltall

136 Was ist das Weltall?
138 Wie schnell fliegen Raketen ins Weltall?
140 Was ist die Milchstraße?
142 Woraus bestehen Sterne?
144 Wie viele Planeten gibt es?
146 Warum ist die Erde ein besonderer Planet?
148 Wie heiß ist die Sonne?

# Unsere Erde

152 Ist die Erde rund?
154 Wie hoch ist der Himmel?
156 Wie groß ist der Ozean?
158 Warum ist Meerwasser salzig?
160 Wie sieht es am Meeresboden aus?
162 Wo liegt der höchste Berg der Welt?
164 Bewegen sich Berge?
166 Welche Berge werden zu Inseln?
168 Was ist eine Wüste?
170 Wo liegt die größte Wüste auf der Welt?
172 Wie kommt der Sand in die Wüste?
174 Gibt es wertvolle Schätze in der Wüste?
176 Was ist eine Höhle?
178 Wie entstehen Höhlen?
180 Was sind Stalaktiten und Stalagmiten?
182 Was ist ein Wald?
184 Wo ist der größte Wald?
186 Wie stark regnet es im Regenwald?

# Naturkatastrophen

190 Was lässt die Erde erzittern?
192 Welche Berge spucken Feuer?

5

194 Was ist ein Tornado?
196 Wann wird Wind zum Sturm?
198 Welchen Schaden kann ein Wirbelsturm anrichten?
200 Wo beginnen Gewitter?
202 Wie entstehen Blitze?
204 Wie entstehen Schlammlawinen?
206 Wann rast Schnee so schnell wie ein ICE?
208 Wie hoch kann eine Welle werden?

# Tiere

212 Welches ist das größte Tier?
214 Was ist der Unterschied zwischen Haien und Delfinen?
216 Was ist der Unterschied zwischen Fröschen und Kröten?
218 Warum haben Tiere ein Skelett in ihrem Körper?
220 Gibt es Tiere, die Menschen fressen?
222 Warum haben Kamele Höcker?
224 Wie lange kommen Kamele ohne Wasser aus?
226 Wie bewahren Wüstenfüchse einen kühlen Kopf?

228 Wie töten Klapperschlangen ihre Beute?
230 Warum hat der Jaguar so viele Flecken?
232 Wo leben die Koalabären?
234 In welcher Höhle leben fünf Millionen Tiere?
236 Welche Höhle wird von Insekten beleuchtet?
238 Welches Tierkind hat die beste Mutter?
240 Bei welchen Tieren bringt der Vater die Jungen zur Welt?
242 Warum hat das Känguru einen Beutel?
244 Welches Tierbaby hat das gemütlichste Nest?
246 Warum haben Pandas meist nur ein Junges?
248 Wonach hascht ein Löwenjunges?
250 Wer schleckt und leckt seine Jungen?
252 Was ist das Gebäude eines Pferdes?
254 Wie merkt man, wie ein Pferd gelaunt ist?
256 Wie viele Pferderassen gibt es?
258 Können Pferde tanzen?

260 Welche Tiere sind Reptilien?
262 Haben Schlangen Tischmanieren?
264 Wessen Zunge ist länger als sein Schwanz?
266 Welches Tier ähnelt einem U-Boot?
268 Warum „verkleiden" sich manche Reptilien?
270 Welche Krabbeltiere sind Riesen?
272 Was ist ein Insekt?
274 Wieso spinnen die Spinnen?
276 Wie wird aus der Raupe ein Schmetterling?
278 Welche Insekten tragen einen Panzer?
280 Warum torkeln Nachtfalter geblendet ins Licht?
282 Gibt es auch Libellen unter der Wasseroberfläche?

## Die Pflanzenwelt

286 Was ist eine Pflanze?
288 Warum haben Bäume Blätter?
290 Warum werden Wurzeln so lang?
292 Welche Bäume wachsen im Laubwald?
294 Welche Pflanzen wachsen im Wasser?
296 Welche Pflanze frisst Fleisch?
298 Wie halten es Pflanzen in der Wüste aus?
300 Warum haben Pflanzen Blüten?
302 Warum ist Obst so süß und saftig?
304 Wann beginnt ein Samen zu wachsen?
306 Warum haben Bäume Dornen?
308 Welche Pflanzen klettern dem Licht nach?
310 Wie entstand aus Pflanzen Kohle?

312 Register

# Urzeit

# Was ist Vorgeschichte?

Unter Vorgeschichte oder Urzeit versteht man den Zeitraum von der Entstehung der Erde bis zur Erfindung der Schrift vor rund 5 500 Jahren. Danach begannen die Menschen, persönliche Erlebnisse und ihre Geschichte schriftlich aufzuzeichnen.

● Die so genannte Keilschrift war die erste Schrift, die aus Zeichen bestand. Sie wurde von den Sumerern entwickelt, einem Volk, das im heutigen Mittleren Osten lebte.

● In diesem Buch steht die Abkürzung „Mio." für „Millionen".

● Die Erde entstand vor rund 4600 Mio. Jahren aus einer Wolke aus Staub und Gas, die um die Sonne kreiste.

- Bevor man Ende des 18. Jahrhunderts mit der wissenschaftlichen Untersuchung von Fossilien begann, glaubten manche Menschen, Fossilien seien Tiere, die von den Strahlen der Sonne zu Stein gebacken wurden.

## Woher wissen wir vom Leben in der Urzeit?

Wie Detektive setzen Forscher in mühsamer Kleinarbeit Fossilien zusammen und untersuchen alle Spuren. Fossilien sind versteinerte Überreste von Tieren und Pflanzen, die vor Jahrmillionen gestorben sind.

- Die meisten Fossilien entstehen, wenn eine Pflanze oder ein totes Tier auf den Grund eines Gewässers oder des Meeres sinkt und dort unter Sand- oder Schlammschichten begraben wird.

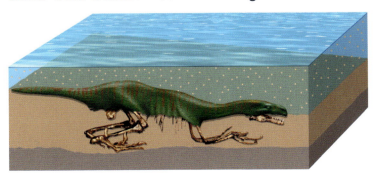

- Sand und Schlamm werden über Jahrmillionen zu Gestein und auch die darin eingeschlossenen Tiere oder Pflanzen versteinern.

# Seit wann gibt es Leben auf der Erde?

Zuerst bestand die Erde nur aus heißem Gestein. Erst nach vielen Mio. Jahren war die Erdoberfläche so weit abgekühlt, dass Leben entstehen konnte. Erste Lebewesen gab es auf der Erde vermutlich schon vor 4000 Mio. Jahren, doch dafür wurden bislang keine Beweise gefunden. Die frühesten bekannten Fossilien sind mikroskopisch kleine Bakterien.

● Die ersten mehrzelligen Lebewesen sahen ein bisschen wie Würmer, Seeanemonen oder Quallen aus. Sie hatten weiche, schwammige Körper ohne Knochen oder Schalen.

Pikaia

Aysheaia

● An manchen Orten sammelten sich Bakterien an. Aus vielen Schichten wuchsen größere Formen und bildeten so genannte Stromatolithen. Im Laufe der Zeit wurden die Stromatolithen zu Fossilien.

**Stromatolithen**

# Was ist Evolution?

Als Evolution bezeichnen Wissenschaftler die allmähliche Veränderung von Lebewesen von einer Form in eine andere. Dies geschieht unsagbar langsam. Von den einzelligen Bakterien bis zur Entwicklung größerer, mehrzelliger Lebewesen vergingen mehr als 2500 Mio. Jahre.

● Dicksonia war so groß wie ein Schwimmring – sein Durchmesser betrug 60 Zentimeter.

# Was sind ausgestorbene Arten?

Nicht alle Lebewesen entwickeln sich weiter. Einige Tier- und Pflanzenarten sterben aus und verschwinden endgültig von der Erde.

● Trilobiten traten bereits vor 600 Mio. Jahren auf und lebten bis vor rund 240 Mio. Jahren. Danach sind sie ausgestorben. Sie gehörten zu den ersten Tieren, die Augen hatten, und besaßen ein schildartiges Außenskelett, das ihren Körper schützte.

# Wann erschienen die ersten Fische in den Meeren?

Vor rund 500 Mio. Jahren entwickelten sich Fische, die ersten Tiere mit einer Wirbelsäule. Allerdings besaßen sie keine Kiefer oder Flossen; sie sahen eher wie heutige Kaulquappen aus.

● Ohne Kiefer zum Beißen oder Kauen ernährten sich frühe Fischarten, wie der Arandaspis, indem sie winzige Lebewesen vom Meeresgrund saugten.

● Dunkleosteus war beachtliche sechs Meter lang. Er gehörte zu den so genannten Panzerfischen, die ihren Namen von den Knochenplatten erhielten, die ihren Kopf vor den scharfen Zähnen von Angreifern schützten.

## Gab es in der Urzeit Haie?

Haie bevölkerten bereits vor 400 Mio. Jahren die Meere. Sie gehörten zu den ersten Wirbeltieren, die Kiefer und Zähne ausgebildet hatten. Und sie waren damals ebenso gefährliche Jäger wie heute!

● Im Wasser auf einen Stethocanthus zu treffen, wäre wohl nicht angenehm. Die Oberseite der seltsamen, T-förmigen Flossen sowie der Kopf dieser frühen Hai-Art waren mit Borsten bedeckt, die Zähnen glichen.

## Was für ein Tier war der Seeskorpion?

Der Seeskorpion war ein gefährlicher Räuber. Er packte seine Beute mit seinen scharfen Scheren. Seeskorpione lebten zur gleichen Zeit wie die ersten Haie und konnten bis zu zwei Meter lang werden. Ihr Körper war mit einem schildartigen Außenskelett überzogen.

**Pterygotus**

# ? Wann eroberten Pflanzen das Land?

Pflanzen besiedelten das Land vor den Tieren. Die frühesten bekannten Fossilien einer Landpflanze sind etwa 420 Mio. Jahre alt. Die Urpflanze Cooksonia war nur etwa so groß wie dein kleiner Finger.

Protocarus

Diplopodan

● Cooksonia hatte zwar einen Stängel, aber keine Blätter, Blüten oder richtige Wurzeln.

## Wer folgte den Landpflanzen?

Durch das Pflanzenwachstum konnten Tiere an Land Nahrung finden und sich weiterentwickeln. Winzige Milben und Insekten gehörten zu den ersten Pflanzenfressern, die an Land lebten.

● Alle Tiere brauchen Sauerstoff zum Überleben. Da Pflanzen Sonnenenergie nutzen, um Kohlendioxid in Sauerstoff umzuwandeln, tragen sie dazu bei, den Sauerstoffgehalt der Luft zu erhöhen.

● Kaum gab es Pflanzen fressende Tiere an Land, entwickelten sich Fleischfresser, die diese Beute jagten.

## Warum schnappten manche Fische nach Luft?

Die meisten Fische atmen über ihre Kiemen unter Wasser. Nachdem es die ersten Landpflanzen gab, bildeten einige Fischarten Lungen zum Atmen aus. Wissenschaftler nennen sie Lungenfische. Sie glauben, dass es in den flachen Gewässern, die die Fische bewohnten, nicht genügend Sauerstoff gab.

Mesaraneus

Eusthenopteron

● Zur selben Zeit, als sich die Lungenfische entwickelten, erwärmte sich die Erde. Das Wasser der Seen und Flüsse verdunstete, der Wasserspiegel sank und damit auch der Sauerstoffgehalt.

17

# Warum bekamen Fische Beine?

Einige Fischarten bildeten nicht nur Lungen aus. Ihre Flossen entwickelten sich auch zu Beinen. So wurden sie zu Landtieren. Die ersten Vierbeiner, Acanthostega und Ichthyostega, erschienen vor rund 370 Mio. Jahren. Sie lebten noch größtenteils im Wasser, konnten sich aber auch an Land fortbewegen.

● Acanthostega und Ichthyostega waren Vorfahren der Amphibien. Das sind Tiere, die an Land leben, sich jedoch im Wasser fortpflanzen und entwickeln.

Ichthyostega

Acanthostega

● Diplocaulus war eine sehr eigentümlich aussehende Amphibie: Sein Kopf hatte die Form eines Bumerangs. Er lebte hauptsächlich unter Wasser, durch das er dank seiner Kopfform wie ein U-Boot glitt.

● Gewaltige Bärlapp-Gewächse ragten während des Karbons aus den warmen, morastigen Sümpfen. Einige wurden bis zu 40 Meter hoch – so hoch wie ein fünfzehnstöckiges Hochhaus!

## Woher kommt Kohle?

Bei der Steinkohle, die wir heute verbrennen, handelt es sich größtenteils um Überreste von Urzeitwäldern, die die Erde vor 355 bis 290 Mio. Jahren bedeckten. Man nennt diesen erdgeschichtlichen Abschnitt auch Steinkohlenzeitalter oder Karbon.

*Meganeura*

*Protarthrolycosa*

*Palaeopodiulus*

## Welches Insekt war so groß wie ein Vogel?

Meganeura war eine riesige Libelle, die im Zeitalter des Karbons durch die Sumpfwälder schwirrte. Ihre Flügel hatten eine beachtliche Spannweite von 60 Zentimetern.

● Insekten wie etwa die Libellen waren die ersten fliegenden Tiere.

19

# Wann tauchten die ersten Reptilien auf?

Reptilien bildeten eine neue Tiergruppe, die sich gegen Ende des Karbons aus den Amphibien entwickelte. Reptilien wie der Hylonomus waren die ersten Vierbeiner, die in Gegenden mit wenig Wasser überleben konnten.

Hylonomus

● Reptilien haben eine feste, geschuppte Haut. Da ihre Eier durch eine ledrige Schale geschützt sind, trocknen sie nicht aus.

● Amphibieneier haben keine Schale. Sie müssen im Wasser abgelegt werden, damit sie nicht vertrocknen.

*Dimetrodon*

## Wer spannte Segel auf?

Das Hautsegel auf ihrem Rücken gab den Kamm- oder Pelycosauriern ihren Namen. Durch das Hautsegel konnten Saurier wie Dimetrodon die Wärmeaufnahme durch die Sonne steuern.

● Kammsaurier waren Reptilien, und Reptilien baden gerne in der Sonne. Sie lieben die wärmenden Strahlen, da sie Kaltblüter sind – ohne die Sonne können sie ihr Blut nicht warm halten.

## Welches Tier trug als Erstes ein Fell?

Behaarung hält ein Tier gleichmäßig warm. Daher besitzen die meisten warmblütigen Tiere ein Fell oder Gefieder. Wissenschaftler glauben, dass die ersten Warmblüter zu einer Reptilienart namens Cynodonten gehörten, die sich vor rund 250 Mio. Jahren entwickelten.

*Cynognathus*

# Welche Reptilien setzten sich durch?

Die ersten Reptilienarten waren Vorfahren der Dinosaurier. Frühe Reptilienarten gingen auf allen Vieren. Doch wer bereits vor 240 Mio. Jahren schnell auf seinen Hinterbeinen laufen konnte wie Euparkeria, war bei der Jagd ganz klar im Vorteil.

● Für Forscher ist die Untersuchung von versteinertem Kot eine Möglichkeit herauszufinden, was Dinosaurier fraßen – ein Glück, dass Fossilien nicht stinken!

● Bislang hat man Fossilien von über 800 Dinosaurierarten gefunden und benannt, doch Wissenschaftler schätzen, dass es mindestens doppelt so viele gegeben hat.

Euparkeria

Dryosaurus

Stegosaurus

Camptosaurus

Compsognathus

## Wie lange beherrschten Dinosaurier die Erde?

Die ältesten bekannten Dinosaurier erschienen vor rund 230 Mio. Jahren, die letzten Arten starben vor etwa 65 Mio. Jahren aus. Dinosaurier gab es also unvorstellbare 165 Mio. Jahre lang!

● Brachiosaurus war so groß, dass er mühelos die obersten Baumwipfel abweiden konnte.

**Brachiosaurus**

● Während der 165 Mio. Jahre haben sich die verschiedensten Dinosaurierarten entwickelt: vom nur truthahngroßen Fleischfresser Compsognathus bis hin zu dem riesenhaften Pflanzenfresser Brachiosaurus.

**Allosaurus**

# Waren Dinosaurier die Könige der Lüfte?

Dinosaurier hatten keine Flügel. Die Pterosaurier, fliegende Reptilien, beherrschten zu Zeiten der Dinosaurier die Lüfte. Diese Flugsaurier entwickelten viele Formen und Größen. Quetzalcoatlus war mit einer Flügelspannweite von bis zu zwölf Metern fast so groß wie ein kleines Flugzeug.

● Pterodaustro benutzte seine seltsamen, stacheligen Zähne wahrscheinlich wie ein Sieb, um winzige Meerestierchen aus dem Wasser zu filtern.

Quetzalcoatlus

● Wissenschaftler haben Fossilien entdeckt, die darauf hindeuten, dass einige Flugsaurier pelzige Körper hatten, ähnlich wie die heutigen Fledermäuse.

Rhamphorhynchus

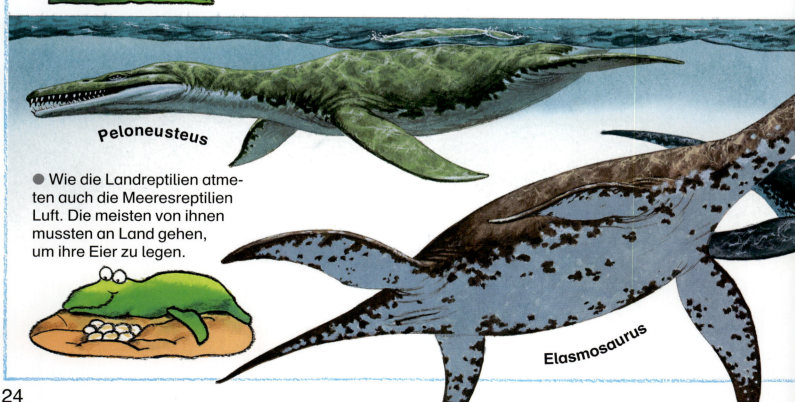

Peloneusteus

● Wie die Landreptilien atmeten auch die Meeresreptilien Luft. Die meisten von ihnen mussten an Land gehen, um ihre Eier zu legen.

Elasmosaurus

● Die Flügel der Pterosaurier waren lederartige Hautlappen, die mit einem sehr langen Finger an jeder Hand verwachsen waren.

Pterodactylus

Pterodaustro

## Waren Dinosaurier die Herrscher der Meere?

Dinosaurier waren Landtiere. Die Meere wurden zu jener Zeit von anderen Reptilien beherrscht, die den Dinosauriern allerdings manchmal recht ähnlich sahen: Elasmosaurus hatte wie Brachiosaurus einen sehr langen Hals.

● Liopleurodon maß von der Nasenspitze bis zur Schwanzflosse mehr als 15 Meter – er war so lang wie ein Bus.

Liopleurodon

Ichthyosaurus

● Ichthyosaurus musste sich nie an Land begeben: Anstatt Eier zu legen, gebar er seine Jungen lebend – unter Wasser.

25

# Woher kamen die Vögel?

Dinosaurier konnten zwar nicht fliegen, dennoch glauben Wissenschaftler, dass sich Vögel aus Dinosauriern und nicht aus Flugsauriern entwickelt haben. Das älteste bekannte gefiederte Flugtier war Archaeopteryx. Es lebte vor 145 Mio. Jahren und war vermutlich halb Dinosaurier, halb Vogel.

Archaeopteryx

● Caudipterix war ebenfalls ein gefiederter „Dinovogel", aber er konnte nicht fliegen – seine Schwingen waren zu klein.

● Entenschnabeldinosaurier waren friedliche Pflanzenfresser, die erschienen, nachdem es Blütenpflanzen gab.

**Edmontosaurus**

# Wann blühten erste Blumen?

Bis vor rund 140 Mio. Jahren gab es keine Blütenpflanzen. Deren Duft wehte erst späteren Saurierarten um die Nase. Feigen und Magnolien gehörten zu den ersten Bäumen, die Blüten und Früchte trugen.

● Fossiliensucher fanden Überreste eines Fleisch fressenden Sauriers, der noch größer war als Tyrannosaurus. Sie nannten ihn Giganotosaurus – „Gigantische Südechse".

## Warum gilt Tyrannosaurus als König der Saurier?

Tyrannosaurus

Stell dir einen Giganten vor, mit Zähnen, die so lang wie deine Hand sind, und einem riesenhaften Maul, mit dem er dich auf einmal verschlingen könnte – so sah Tyrannosaurus aus. Er war eines der größten Fleisch fressenden Landtiere, die es je auf der Erde gab.

● Tyrannosaurus gehörte zu den Dinosaurierarten, die sich zuletzt entwickelten, vor weniger als 70 Mio. Jahren. Sein Name bedeutet „Tyrannenechse": Ein Tyrann ist ein grausamer Herrscher.

# Gab es zu Zeiten der Dinosaurier auch Säugetiere?

Die Säugetiere entwickelten sich wahrscheinlich aus den Cynodonten vor 220 Mio. Jahren, nur wenige Mio. Jahre nach den ersten Sauriern. Die ältesten Säugetiere waren Insektenfresser, kaum größer als heutige Mäuse.

**Megazostrodon**

● Megazostrodon hätte auf deiner Hand Platz gefunden – von der Nase bis zur Schwanzspitze maß er nur zwölf Zentimeter.

● Zu den typischen Merkmalen von Säugetieren gehört, dass die Mütter im Körper Milch als Nahrung für ihre Jungen produzieren.

Kamptobaator

Taeniolabis

Ptilodus

Zalambdalestes

● Die meisten Säugetierbabys entwickeln sich heute im Bauch ihrer Mutter. Sie kommen auf die Welt, wenn sie groß genug sind, um außerhalb des Mutterleibs zu überleben.

## Welche Jungen leben im Beutel ihrer Mutter?

Frühe Säugetiere legten Eier, so wie ihre Vorfahren, die Reptilien. Im Laufe der Zeit entwickelten sich aber auch andere Säugetiere. Sie gebaren ihre Jungen lebend, anstatt sie in Eiern auszubrüten. Beuteltiere erschienen zum ersten Mal vor 100 Mio. Jahren. Es sind Säugetiere, deren neugeborene Junge in einem taschenartigen Beutel am Bauch der Mutter heranwachsen.

**Deltatheridium**

● Neugeborene Beuteltiere sind nicht größer als ein Gummibärchen! Sie bleiben so lange im Beutel ihrer Mutter, bis sie fähig sind, selbst Nahrung zu finden.

# Woher wissen wir, dass Dinosaurier ausgestorben sind?

Fossiliensucher fanden nicht den geringsten Hinweis darauf, dass es in den vergangenen 65 Mio. Jahren Dinosaurier gab – keine versteinerten Knochen, keine Fußabdrücke. Vor etwa 65 Mio. Jahren verschwanden alle Dinosaurierarten zusammen mit den Flugsauriern und den meisten Meeresreptilien.

Wissenschaftler haben keine Dinosaurierfossilien in Gesteinsschichten gefunden, die jünger als 65 Mio. Jahre sind.

● Mehr als die Hälfte aller Tierarten der Erde wurde vor 65 Mio. Jahren ausgelöscht. Von den großen Tieren scheint keine Art überlebt zu haben.

- Ob es ein Meteorit war, der das Klima auf der Erde verändert und die Dinosaurier ausgelöscht hat, ist nicht ganz sicher. Einige Wissenschaftler glauben, dass ausbrechende Vulkane Staubwolken ausspien, die die Sonne verdunkelten.

## Was hat zum Aussterben der Dinosaurier geführt?

Viele Wissenschaftler nehmen an, dass ein gigantischer Meteorit aus dem Weltall vor 65 Mio. Jahren auf die Erde stürzte und die Saurier auslöschte. Die Wucht des Einschlags war so gewaltig wie tausend Bombenexplosionen. Mächtige Druckwellen fegten über das Land. Staubwolken wirbelten auf, ließen die Sonnenstrahlung nicht mehr durch die Atmosphäre und hüllten die Erde in eisige Dunkelheit.

- Pflanzen können ohne Sonnenlicht nicht wachsen. Deshalb starben erst die großen Pflanzenfresser vor Kälte und Hunger und danach die großen Fleischfresser.

- Manche Menschen glaubten, die Dinosaurier seien deshalb ausgestorben, weil die Säugetiere ihnen die Eier wegfraßen.

- Warum manche Tierarten überlebten und andere nicht, weiß niemand so genau. Vielleicht waren einige klein genug, um sich zu verstecken.

# Welche Tiere herrschten nach den Dinosauriern vor?

Allmählich entwickelten sich immer mehr neue Säugetierarten, da es keine Saurier mehr gab, die sie jagten. Die meisten lebten an Land, einige aber auch in der Luft oder in den Meeren.

● Fledermäuse sind fliegende Säugetiere. Icaronycteris erschien vor rund 54 Mio. Jahren und gehört damit zu den ältesten bekannten Fledermausarten.

● Wale sind Meeressäugetiere, die sich etwa zur selben Zeit entwickelten wie Fledermäuse. Der älteste bekannte Wal, Pakicetus, ähnelte eher einem Otter als einem Wal wie wir ihn heute kennen.

● Anancus hatte alle Mühe, seinen Kopf aufrecht zu halten. Die Stoßzähne dieses frühen Elefanten waren fast so lang wie der Rest seines Körpers.

## Wann waren Elefanten so klein wie Schweine?

● Auch Pferde waren winzig, als sie vor rund 50 Mio. Jahren erschienen. Hyracotherium besaß statt Hufen Zehen und war so groß wie eine Katze – nur etwa 20 Zentimeter hoch.

Elefanten durchliefen verschiedene Entwicklungsstufen, bevor sie so aussahen, wie wir sie heute kennen. Eine der ältesten Elefantenarten, Moeritherium, erschien vor rund 40 Mio. Jahren. Diese Tiere waren nur 60 Zentimeter hoch.

## Welche Katzen hatten Zähne wie Säbel?

Die mächtigen Reißzähne gaben den Säbelzahnkatzen ihren Namen. Diese Zähne dienten nicht zum Kauen, sondern zum Festhalten und Töten ihrer Beute.

## Wer war Lucy?

Vor rund 4,5 Mio. Jahren tauchten neue Säugetiere auf – die frühesten menschenähnlichen Wesen. Heute tragen sie wissenschaftliche Namen wie Australopithecus – „Südaffe". Da das aber ein echter Zungenbrecher ist, gebraucht man lieber Spitznamen – wie „Lucy".

● Fossiliensucher fanden 1974 in Afrika versteinerte Skelettteile. Sie nannten ihren etwa 3,2 Mio. Jahre alten Fund „Lucy", nach dem Beatles-Lied „Lucy in the sky with diamonds", das damals im Radio lief.

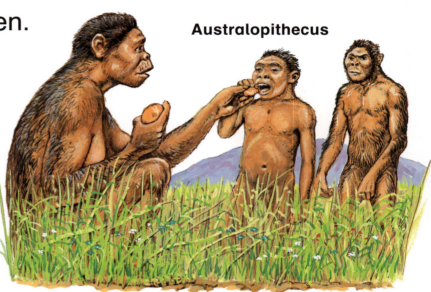

**Australopithecus**

**Homo habilis**

## Wann entwickelten frühe Menschen handwerkliche Fähigkeiten?

Homo habilis bedeutet übersetzt „geschickter Mensch". Wahrscheinlich fertigten diese frühen Menschen vor rund zwei Mio. Jahren erste einfache Steinwerkzeuge an.

# Wer waren die ersten Entdecker?

Obwohl sich alle Frühmenschen in Afrika entwickelten, gilt der Homo erectus, der vor rund 1,9 Mio. Jahren lebte, als besonders wagemutig. Die Art verließ als erste Afrika und stieß auf ihren Wanderungen bis Asien und Europa vor.

● Die ersten Australier gehörten zu den Homo sapiens. Vor mehr als 50 000 Jahren segelten sie von Südostasien aus dorthin.

**Homo erectus bedeutet „aufrecht gehender Mensch".**

# Wer waren die „weisen Menschen"?

Der moderne Mensch ist intelligent. Deshalb wird er als „Homo sapiens" bezeichnet – „der weise Mensch". Die frühen Homo sapiens, unsere nächsten Verwandten, entwickelten sich vor fast 200 000 Jahren in Afrika.

**Homo sapiens**

# Was versteht man unter Eiszeiten?

Eiszeiten sind lange Abschnitte der Erdgeschichte, in denen es so kalt war, dass sich Schnee- und Eismassen vom Nordpol über weite Gebiete Europas, Asiens und Nordamerikas schoben. Die letzte Eiszeit endete vor 12000 Jahren, als das Klima wieder wärmer wurde.

● Mammuts waren in nördlichen Gebieten zu Hause. Ihr dichtes, langes Fell schützte sie vor der Kälte. Nach der letzten Eiszeit wurde das Klima für sie zu warm und sie starben aus.

# Lebten Eiszeitmenschen in Höhlen?

Ja, wenn sie geeignete Höhlen finden konnten. Sie bauten auch Hütten aus Ästen, Mammutknochen oder Mammutstoßzähnen und bedeckten sie mit Tierhäuten.

# Wer waren die ersten Bauern?

● Weizen und Gerste waren die ersten Feldfrüchte. Schafe und Ziegen gehörten zu den ersten Tiere, die von Bauern gehalten wurden.

Ackerbau kam vor rund 10 000 Jahren auf, als Menschen im Mittleren Osten begannen, die Samen von Wildpflanzen zu sammeln und sie als Feldfrüchte anzubauen. Nun konnten die Bauern das ganze Jahr über an einem Ort bleiben. Sie bauten Siedlungen, die allmählich zu Dörfern und Städten anwuchsen. Mit dem Beginn der schriftlich überlieferten Geschichte der Menschen endet die Urzeit.

● Einige der ältesten bekannten Behausungen wurden vor rund 400 000 Jahren von Homo erectus in Terra Amata an der Südküste Frankreichs gebaut.

# Historische Völker

# Wer waren die alten Ägypter?

Wir sprechen von den „alten" Ägyptern und meinen damit das Volk, das zur Zeit der Pharaonen in den Oasen entlang des Nil lebte. Vor etwa 8000 Jahren siedelten sich dort zunächst Bauern an. Innerhalb weniger Jahrtausende wurde Ägypten zu einem der mächtigsten Reiche der Antike.

● Wird man in 5000 Jahren auch über uns staunen? Was wird man wohl über unsere Lebensgewohnheiten denken?

● Die Ägypter errichteten die Grabmäler für ihre toten Herrscher meist am Westufer des Nil. Sie glaubten, dass dort, wo die Sonne am Horizont untergeht, Verstorbene dem Sonnengott begegnen würden.

● Ägypten besteht größtenteils aus Wüsten. Die alten Ägypter siedelten an den fruchtbaren und wasserreichen Ufern des Nil.

● Die Ägypter kannten damals noch keine weit entfernten Länder, erforschten aber bereits die benachbarten Regionen Asiens und Afrikas. Von dort brachten Kaufleute von ihren Reisen Edelhölzer, Gold, Elfenbein, Gewürze und sogar Affen mit.

## Wie wurde Ägypten zu einer Hochkultur?

Die Ägypter wurden als geschickte Bauern und Viehzüchter sehr reich. Sie errichteten prächtige Tempel für ihre Götter und riesige Grabmäler für ihre Könige – die Pyramiden. Sie besaßen ein Heer, Schiffe und sogar Richter und Gerichte. Priester studierten die Sterne und Handwerker schufen Kunstwerke aus Gold und Silber.

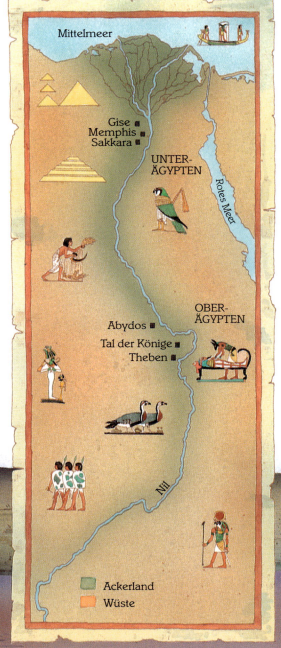

# Wer regierte im alten Ägypten?

Die altägyptischen Könige wurden Pharaonen genannt. Sie galten als Nachfahren des Sonnengottes Re, den man als ersten Herrscher Ägyptens ansah. Die Pharaonen hatten große Macht. Sie waren ihrem Volk heilig und wurden als Götter auf Erden verehrt.

● Die Berater des Pharaos waren hoch angesehen. Es gab zudem eine Reihe Hofbeamter mit Titeln wie „Herr über die königliche Robe" oder „Hüter der königlichen Perücken".

## Waren Pharaonen immer Männer?

Frauen wurden in Ägypten nur in Ausnahmefällen zum Pharao gekrönt. Am bekanntesten ist Königin Hatschepsut. Sie trat zunächst stellvertretend für ihren etwa vierjährigen Stiefsohn die Herrschaft an. Hatschepsut gefiel das Regieren allerdings so gut, dass ihr Stiefsohn erst nach ihrem Tod mit etwa 30 Jahren Pharao wurde.

● Als Hatschepsut regierte, musste sie die Zeichen der Königswürde tragen. Darunter war auch ein falscher Bart.

## Woran erkannte man den Pharao?

An der Krone natürlich! Tatsächlich trugen die Pharaonen manchmal sogar gleichzeitig zwei Kronen: eine weiße Krone für Oberägypten, den Süden des Landes, und eine rote Krone für Unterägypten, den Norden des Landes.

# Wer war der Krokodilgott?

Auf alten Bildern und Holzschnitten werden ägyptische Götter und Göttinnen meist mit Tierköpfen abgebildet. Dabei erscheint der Wassergott Sobek als Krokodil. Thot trägt den Kopf eines Vogels, des Ibis. Die Göttin Taweret ähnelt sogar einem Nilpferd! Nur Osiris und Isis werden als menschliche Herrscher dargestellt.

● Die Ägypter liebten Glücksbringer. Besonders der Skarabäus hatte es ihnen angetan. Er war dem Sonnengott Re geweiht.

● Die alten Ägypter verehrten 2 000 Götter und Göttinnen!

Thot, Gott des Mondes und der Wissenschaft

Osiris, Gott der Unterwelt und des Todes

# Wer war die Göttin Nut?

Nut war die ägyptische Himmelsgöttin. Auf Abbildungen ist sie meist mit Sternen übersät. Viele Götter und Göttinnen waren verwandt. Nut war die Ehefrau von Geb, ihre Kinder waren Isis und Osiris.

- Das Priesteramt war im alten Ägypten eine Art Teilzeitjob. Die meisten Priester verbrachten drei Monate im Jahr im Tempel, die übrige Zeit waren sie zu Hause.

- Die Priester mussten sich zweimal am Tag und zweimal in der Nacht waschen, um für die Götter rein zu sein.

Taweret, Göttin der Schwangeren und Neugeborenen

Isis, Frau des Osiris

# Was sind Mumien?

Ägyptische Mumien sind Tote, die ausgetrocknet, präpariert und in Leinentücher gewickelt wurden. Dadurch sind sie viele Jahrtausende vor der Verwesung geschützt. Die alten Ägypter glaubten, dass Tote ihren irdischen Körper im Jenseits noch brauchen.

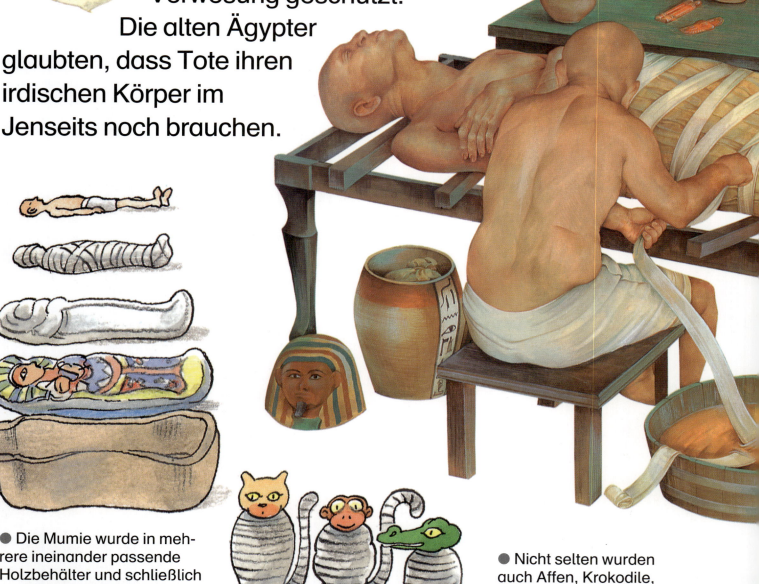

● Auch ärmere Familien hatten den Wunsch, die Körper ihrer Angehörigen nach dem Tod zu bewahren. Eine sorgfältige Mumifizierung konnten sich jedoch nur die Reichen leisten.

● Die Mumie wurde in mehrere ineinander passende Holzbehälter und schließlich in einen großen Steinsarg gelegt, den Sarkophag.

● Nicht selten wurden auch Affen, Krokodile, Katzen und andere heilige Tiere einbalsamiert.

## Warum haben Mumien kein Gehirn?

Für die alten Ägypter war das Herz der wichtigste Körperteil. Das Gehirn war ihrer Meinung nach nutzlos. Vor der Mumifizierung wurde den Toten das Gehirn mit einem Haken durch die Nase herausgezogen!

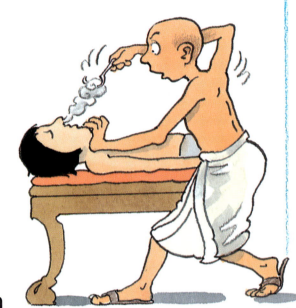

## Wieso wurden Mumien in Tücher gehüllt?

Nachdem die Organe des Verstorbenen entfernt waren, trocknete der Körper 40 Tage lang in Natronsalz aus. Danach wurde er gesäubert, gesalbt und straff mit Tüchern umwickelt, damit er seine Form behielt.

# Wozu baute man Pyramiden?

Pyramiden sind die riesigen Grabstätten der Pharaonen und anderer wichtiger Persönlichkeiten. Niemand weiß genau, warum sie diese Form haben. Vielleicht wurden sie nach der Sonne und den Sternen ausgerichtet, weil man glaubte, dass der Geist des Verstorbenen so ungehindert in den Himmel aufsteigen könne.

● Die Große Pyramide von Gise wurde vor mehr als 4500 Jahren erbaut. Heute sieht sie so aus.

● Die Pharaonen wurden in feinsten Gewändern und mit wertvollen Schmuckbeigaben begraben. Kein Wunder, dass die Baumeister versuchten, Grabräuber mit raffinierten Fallen fern zu halten.

● Neben der großen Cheops-Pyramide gibt es in Gise noch kleinere Pyramiden und etwa 80 weitere in anderen Teilen Ägyptens. Manche haben Stufen oder einen Knick in der Spitze.

● So sieht die Große Pyramide im Inneren aus.

Kammer des Pharaos

# Warum saßen Ägypter gern auf dem Dach?

Auf dem Dach war es viel kühler als im Inneren eines Hauses. Deshalb trafen sich die Menschen dort oben, um miteinander zu plaudern oder sich beim Brettspiel zu vergnügen.

● Altägyptische Behausungen hatten bereits begehbare Flachdächer. Spitze Dächer, an denen der Regen abfließen kann, braucht man in so trockenen Ländern wie Ägypten nicht.

● Die meisten Häuser waren aus gebranntem Lehm gebaut. Tempel, Grabstätten und Paläste errichtete man aus Steinblöcken.

## Wie wurden Ziegel hergestellt?

Ziegel stellte man aus dem lehmigen Nilschlamm her. Dafür trat man den Schlamm mit bloßen Füßen, bis er klebrig wurde, und gab zur Festigung Stroh und Schilfgras hinzu. Am Ende wurden die Ziegel in Form gebracht und in der Sonne getrocknet.

## Wer ruhte selten sanft?

Die alten Ägypter schliefen nicht sehr bequem. Am hölzernen Bettrahmen waren als „Lattenrost" Seile oder Lederbänder befestigt. Und statt eines daunengefüllten Kissens diente ein hartes Holzstück als Kopfstütze!

# Woher kommt das Wort „Papier"?

Die Bezeichnung „Papier" stammt von „Papyrus", einer hohen Staude, die an den Ufern des Nil gedeiht. Die Ägypter entdeckten, dass sich aus den Pflanzenfasern eine frühe Form von Papier herstellen ließ. Es war etwas dicker als unser Schreibpapier, aber bereits sehr nützlich.

● Papyrus war wegen der aufwändigen Herstellung kostbar. Notizen wurden daher auf Tonscherben geritzt.

**1** Zuerst schälten die Papierhersteller die harte Außenschale der Stauden ab.

**3** Mit dem Hammer wurde der Pflanzensaft herausgeklopft, der die Streifen zusammenklebte.

**4** Nun wurde der Papyrus mit einem flachen Stein oder ähnlichem Werkzeug geglättet.

**2** Dann wurden die Stauden in dünne Streifen geschnitten und in Lagen übereinander gelegt.

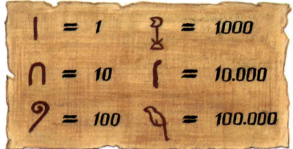

● Sogar Zahlen wurden als Bilder dargestellt. Da war das Rechnen bestimmt nicht einfach!

● Nur wenige Kinder gingen damals in die Schule. Einige Jungen wurden zu Schreibern ausgebildet, wofür sie bis zu 700 Bilderschriftzeichen oder Hieroglyphen lernen mussten. Diktate waren leider an der Tagesordnung!

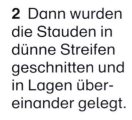

## Wie schrieben die Ägypter?

Die frühe Schrift bestand aus aneinander gereihten Bilderschriftzeichen, den so genannten Hieroglyphen. Jedes Bild steht für einen Gegenstand, eine Idee, einen Laut oder ein Wort. Viele Hieroglyphen sind sehr schwierig. Schreiben war im alten Ägypten keine einfache Sache!

**5** Schließlich wurden die einzelnen Blätter zu einer langen Papyrusrolle verbunden.

● Pflanzenstängel mit ausgefranstem Ende dienten als Pinsel. Farbe wurde aus Ruß oder roter Erde gewonnen.

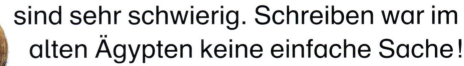

● Den Namen von Kleopatra, der bekannten ägyptischen Herrscherin, würde man heute mit diesen Hieroglyphen schreiben.

# Wer waren die alten Griechen?

Die alten Griechen lebten vor ungefähr 3 500 Jahren in Griechenland. Aber sie siedelten nicht nur dort, sondern auch im Norden und Osten, im heutigen Bulgarien und der Türkei. Andere bewohnten Inseln im Ägäischen Meer.

● Viele Griechen fuhren zur See und kamen bis nach Nordafrika, in die Türkei, nach Italien und Frankreich. Sie erkundeten sichere Häfen, erbauten Häuser und Städte und rodeten Land für den Ackerbau.

ursprüngliches griechisches Siedlungsgebiet
Griechische Kolonien

Frankreich
Italien
Mittelmeer
Nordafrika
Ägäisches Meer
Türkei

● Bis ins 5. Jahrhundert v. Chr. war die Welt der Griechen groß, reich und mächtig. Sie erstreckte sich von Frankreich im Westen bis zur Türkei im Osten.

● Überall, wo sie hinkamen, pflegten die griechischen Siedler weiterhin ihren eigenen Lebensstil. Auf die Einheimischen muss das oft eigenartig gewirkt haben.

● Die alten Griechen waren ein sehr gebildetes Volk. Sie hatten gute Gesetze und eine starke Armee. Sie errichteten prachtvolle Tempel und Theater. Unter ihnen waren große Denker, Künstler und Athleten.

## Warum wuchs Griechenland an?

Das ursprüngliche Siedlungsgebiet war klein und es gab nicht ausreichend fruchtbaren Ackerboden. Etwa 750 v. Chr. wurden der Platz und die Nahrung knapp. Deshalb begannen viele Menschen, sich nach neuen Landstrichen umzusehen. Und so dehnte sich die griechische Welt immer weiter aus.

# War Griechenland „ein" Land?

Das alte Griechenland war kein fest begrenztes Land wie heute. Es bestand aus verschiedenen kleinen Staaten, die durch Berge, Täler oder das Meer voneinander abgeschnitten waren. Die Staaten waren kaum größer als Städte, aber alle hatten ihre eigenen Gesetze und Armeen und lagen oft im Krieg miteinander. Der größte der Stadtstaaten war Athen.

● Jeder Staat bestand aus einer Stadt und ihrem Umland. Viele Stadtstaaten lagen am Meer und hatten auch einen Hafen.

HAFEN
TEMPEL
GEFÄNGNIS
AGORA
SCHULE
STADTMAUERN
LANDWIRTSCHAFT

# Wie konnten die Bürger mitbestimmen?

● Sparta war ein Stadtstaat im südlichen Griechenland. Dort regierten zwei Könige aus zwei Herrscherfamilien, die vom Rat der Weisen unterstützt wurden.

THEATER

WOHN-HÄUSER

In Athen waren alle erwachsenen Männer, die keine Sklaven waren, Bürger. Sie konnten die Regierungsbeamten wählen und für oder gegen neue Gesetze stimmen. Sie konnten auch auf der Volksversammlung reden. Die Volksversammlung war eine riesige Zusammenkunft unter freiem Himmel, bei der jeder Bürger angehört wurde.

● Zu den reichen griechischen Haushalten gehörten meist Sklaven. Die Sklaven verrichteten harte Arbeit. Sie bauten Häuser, machten Feld- und Hausarbeit und hüteten die Kinder.

## Wozu gab es eine Wasseruhr?

● Mindestens 6 000 Bürger mussten auf einer Volksversammlung zusammenkommen. Sie trafen sich auf einem Hügel in Athen und wählten per Handzeichen.

Bürger, die auf der Volksversammlung sprachen, durften nicht beliebig lange reden. Jeder Sprecher hatte sich nach der Wasseruhr zu richten. Sobald der letzte Wassertropfen aus dem Gefäß getröpfelt war, war seine Redezeit vorbei.

# Wo lebten die mutigsten Krieger?

Die Soldaten von Sparta stellten die kriegerischste Armee im alten Griechenland. Sie waren sehr gut ausgebildet, unerschrocken und hart. Ihr ganzes Leben bestand auch in Friedenszeiten aus Training und Kampf.

● Die Krieger Spartas waren berühmt für ihr langes, wallendes Haar, das sie vor jeder Schlacht kämmten. Vielleicht fühlten sie sich mit ihren langen Mähnen so stark wie Löwen!

● Für einen Spartaner war Tapferkeit wichtiger als alles andere. Feiglinge wurden bestraft, indem man ihnen die Hälfte der Haare und des Bartes abrasierte! Das war eine fürchterliche Schande.

## Wer bezahlte Waffen und Rüstung?

Griechische Soldaten mussten für Waffen und Rüstung selbst aufkommen. Ein reicher Soldat kaufte sich eine scharfe Lanze und ein Schwert, einen stabilen Schild und eine gute Rüstung. Ein armer Soldat kämpfte mit allem, was er bekommen konnte. Und das waren mitunter nicht viel mehr als eine Tierhaut und ein Holzstock!

● Die Soldaten stellten sich in einer Schlacht geschlossen in einer Phalanx auf. Dabei überlappte jedes Schutzschild eines Soldaten das seines Nachbarn, so dass sich eine schützende Schildermauer bildete.

● In Sparta legte man Wert darauf, dass nicht nur die Männer gut trainiert waren. Auch die Frauen wurden sportlich erzogen, damit sie gesunde und kräftige Babys bekamen.

● Nachdem eine Schlacht gewonnen war, übergaben die Soldaten manchmal ihre Rüstung den Göttern zum Dank. Sie legten sie in den Tempeln ab oder hängten sie an die Äste von Bäumen.

# Warum hatten die Schiffe lange Nasen?

Die griechischen Kriegsschiffe hatten am Bug eine lange, scharfe Spitze, die man Ramme nannte. Die Ruderer steuerten so schnell sie konnten auf ein feindliches Schiff zu und versuchten ihm mit der Ramme ein Loch in die Seite zu reißen. Wenn das glückte, ging das feindliche Schiff unter und alle Mann an Bord ertranken.

● Die meisten griechischen Schiffe hatten zu beiden Seiten des Bugs ein großes Auge aufgemalt. Die Seeleute hofften, dass die Augen Geister fernhalten und die Männer bis zu ihrer Heimkehr beschützen würden.

● Die größten Kriegsschiffe nannte man Triremen. Sie hatten zu beiden Schiffsseiten drei übereinander liegende Ruderbänke. Mit 170 Mann, die sich in die Ruder legten, glitten die Schiffe schnell durch das Wasser.

● An Bord eines jeden Schiffes gab es einen Flötenspieler, der in gleichmäßigem Takt Melodien blies. So konnte man die Ruder im Takt der Musik bewegen.

## Warum war es einfacher, mit dem Schiff zu reisen?

In Griechenland gibt es viele Inseln, zu denen man heute noch häufig nur mit dem Boot gelangt. Doch die alten Griechen umrundeten per Boot auch das Festland. Die Küste entlang zu segeln ging viel schneller und leichter, als sich auf dem Rücken eines Esels über die steilen, steinigen Pfade zu quälen!

# Wer war die Göttin der Weisheit?

Athene war die Göttin des Krieges und die Göttin der Weisheit. Ihr Symbol war die weise Eule. Sie beschützte die Stadt Athen. Darum liebten und verehrten sie die Bürger Athens. Sie bauten zu ihren Ehren auf dem höchsten Hügel ihrer Stadt, der Akropolis, einen Tempel, den Parthenon.

● Der Sage nach lebten die Götter auf dem Gipfel des Olymp, dem höchsten Berg Griechenlands. Aber sie benahmen sich nicht immer so, wie man das von Göttern erwarten würde, sondern stritten sich häufig.

**Hermes** – der Götterbote

**Zeus** – der höchste aller Götter, der „Göttervater"

**Demeter** – die Göttin des Ackerbaus und der Fruchtbarkeit

**Aphrodite** – die Göttin der Liebe und Schönheit

**Hera** – die höchste aller Göttinnen, die Göttin der Frauen und Kinder

**Hades** – der Gott der Unterwelt

● Die Griechen glaubten an viele Göttinnen und Götter. Jede Gottheit verfügte über andere Kräfte. Manche Götter waren gütig, andere dagegen streng und grausam.

# Wer erzählte von den Göttern?

In dem Versepos *Die Odyssee* schildert der berühmte Dichter Homer die abenteuerliche Heimfahrt des griechischen Soldaten Odysseus vom Krieg um Troja nach Ithaka. Der Meeresgott Poseidon versucht sein Schiff zu versenken, doch unter dem Schutz der Göttin Athene kehrt er schließlich unversehrt heim.

● Poseidon war der Gott der Meere. Er versuchte das Schiff des Odysseus zu versenken, indem er die See mit heftigen Stürmen aufwühlte.

● Im Parthenon stand eine große Statue der Göttin Athene – ungefähr zehnmal so groß wie du! Sie war mit kostbarem Gold und Elfenbein bedeckt.

# Warum trugen Schauspieler Masken?

Im antiken Griechenland waren nur Knaben und Männer Schauspieler. Sie trugen Masken, die zeigten, welche Rolle sie gerade spielten – einen Mann oder eine Frau, einen Weisen oder einen Narren. Ein griechisches Theater bot Platz für bis zu 17 000 Zuschauer. Die großen Masken waren von allen Plätzen aus gut zu sehen.

● Manche Vorführungen dauerten den ganzen Tag. Die Zuschauer nahmen Kissen und Decken mit, die sie auf die harten Steinsitze legten. Wenn sie hungrig oder durstig waren, kauften sie kleine Speisen und Wein.

● Griechische Theater waren in Form eines Halbkreises auf einem Hügel erbaut. Die Stimmen der Schauspieler wurden so bis in die hinteren Reihen getragen – selbst wenn sie flüsterten.

## Eine Schildkröte als Musikinstrument?

Traurig aber wahr – nur eine tote Schildkröte machte Musik. Aus einem leeren Schildkrötenpanzer bastelte man eine Lyra, ein Musikinstrument, das einer Harfe glich. Man befestigte Saiten am Panzer und zupfte darauf Melodien.

● Die Doppelflöte war schwer zu spielen. Man brauchte doppelt so viel Puste wie für eine normale Flöte und jede Hand spielte eine andere Melodie.

● Das Theaterpersonal trug große Stöcke bei sich, falls es einmal Ärger gab. Manchmal steigerten sich die Zuschauer in ein Stück hinein und fingen Krawall an. Mit ein paar kräftigen Hieben waren sie aber schnell wieder beschwichtigt!

# Weshalb gab es Olympische Spiele?

Die Olympischen Spiele waren Teil eines religiösen Festes zu Ehren des Zeus, des höchsten Gottes. Jedes Jahr strömten etwa 20 000 Menschen nach Olympia, wo die Spiele stattfanden, um den Sportlern zuzusehen. Die härteste Sportart war der Fünfkampf, bei dem die Wettkämpfer an fünf verschiedenen Sportarten teilnehmen mussten – Weitsprung, Wettlauf, Ringkampf, Diskuswerfen und Speerwerfen.

● Frauen durften an den Olympischen Spielen nicht teilnehmen. Sie veranstalteten ihre eigenen Spiele zu Ehren von Hera. Die Spiele der Frauen bestanden aus nur einer Sportart, dem Wettlauf.

● Bei den Olympischen Spielen waren alle Athleten nackt. Die Griechen waren stolz auf ihre Körper und hatten keine Scheu, sie öffentlich zu zeigen!

## Bekamen die Sieger Medaillen?

Bei den Olympischen Spielen zu siegen war damals wie heute eine große Ehre. Damals gab es jedoch keine Medaillen. Die Sieger bekamen Lorbeerkränze, Krüge mit Olivenöl, schöne Vasen sowie Tücher für Kleidung.

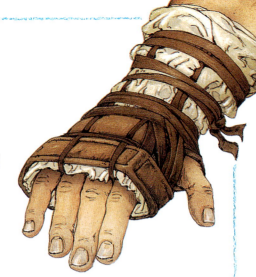

● Die Boxer trugen keine gefütterten Boxhandschuhe wie heute. Sie umwickelten ihre Hände mit Lederriemen.

## Wer lief den ersten Marathonlauf?

Im Jahre 490 v. Chr. gewannen die Griechen bei Marathon, einer Stadt rund 42 Kilometer vor Athen, eine Schlacht. Ein Soldat namens Pheidippides rannte die ganze Strecke nach Athen, um die Siegesnachricht zu verkünden. Leider war der Arme nach diesem „Marathonlauf" so erschöpft, dass er zusammenbrach und starb.

● Bei den frühen Olympischen Spielen gab es keinen Marathonlauf. Heute gehört er zu den Spielen dazu. Die Strecke geht über 42 Kilometer, das entspricht genau der Entfernung, die Pheidippides vor 2500 Jahren gerannt ist.

# Wer waren die alten Römer?

Die Römer waren ein Volk aus Rom. Vor etwa 2000 Jahren wurden sie so stark, dass sie begannen, angrenzende Länder zu erobern. Bis 100 n. Chr. regierten sie ein riesiges Reich und wurden eines der mächtigsten Völker der Antike.

● Das Klima im Römischen Reich war alles andere als einheitlich. Im heißen Ägypten vergingen die Römer vor Hitze...

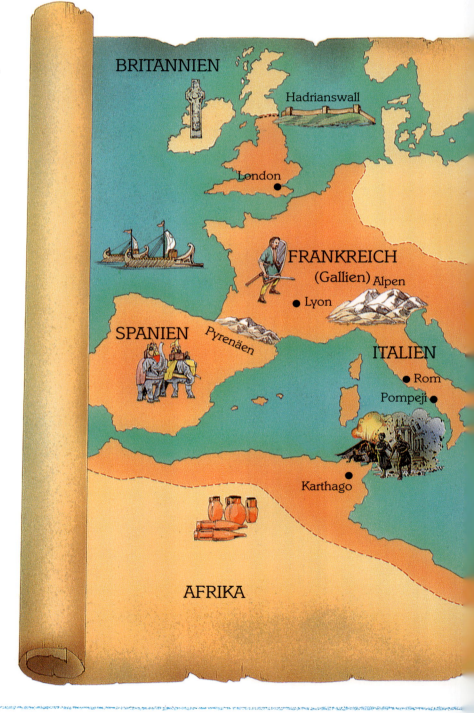

● Der Sage nach hat ein Mann namens Romulus die Stadt Rom gegründet. Er und sein Zwillingsbruder Remus wurden von ihren Eltern ausgesetzt und von einer Wölfin großgezogen.

68

● ...und in den kältesten Gebieten, in den eisigen Schweizer Alpen und im nördlichen Britannien, schlotterten sie vor Kälte.

# Lebten alle Römer in Rom?

Nicht alle Römer wohnten in der Stadt Rom. Insgesamt lebten rund 50 Millionen Menschen im ganzen Römischen Reich, das sich von Britannien im Norden bis nach Afrika im Süden erstreckte. Alle Einwohner wurden von der römischen Armee geschützt, mussten aber auch den römischen Gesetzen gehorchen.

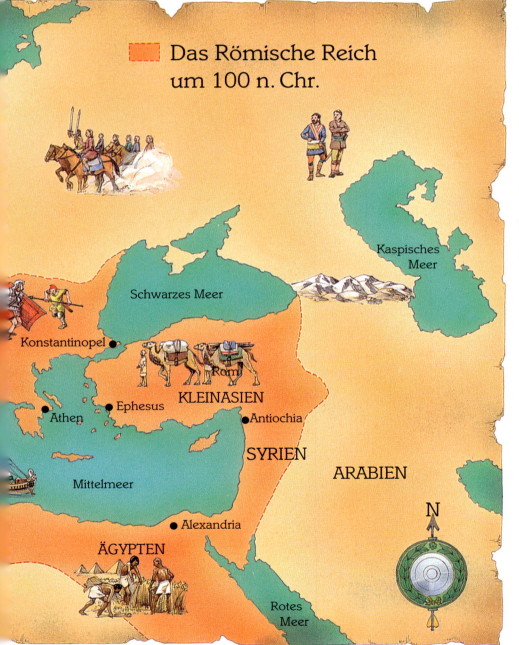

Das Römische Reich um 100 n. Chr.

● Um von einem Ende des Römischen Reichs ans andere zu gelangen, musste man 3000 römische Meilen zurücklegen, rund 5000 Kilometer. Das dauerte auf dem Pferd fast 100 Tage.

# Wer regierte Rom?

Im Laufe der Geschichte gab es in Rom drei verschiedene Regierungsformen: Zuerst herrschten Könige, später Beamte, die vom Volk gewählt wurden, und schließlich wieder Könige, die sich jetzt aber Kaiser nannten!

● Einige römische Kaiser regierten sehr weise, andere nach Lust und Laune...

**Nero** war ein verrückter und grausamer Kaiser. Er soll Rom in Brand gesteckt haben.

**Hadrian** besuchte alle Provinzen des Römischen Reichs und stärkte Roms Macht.

**Caligula** verschwendete die Reichtümer Roms. Er hielt sich für Gott.

## Wer genoss allerlei Vorzüge?

Die römischen Bürger. Sie durften nicht nur an Wahlen teilnehmen, sie erhielten sogar kostenlose Plätze im Amphitheater und freien Eintritt in die öffentlichen Bäder. In harten Zeiten bekamen sie sogar Brot umsonst.

● Römische Frauen hatten nicht die gleichen Rechte wie Männer. Sie durften nicht wählen und mussten ihrem Mann oder Vater gehorchen ... was sie aber nicht immer taten!

## Wer schuftete für die Römer?

Der Großteil der harten Arbeit wurde von Sklaven ausgeführt. Männer, Frauen und Kinder wurden in ausländischen Gebieten gefangen genommen und dann auf dem Marktplatz in Rom verkauft. Sie mussten ein Ausweisschild tragen mit Namen und Adresse ihres Herrn – damit man wusste, wo sie hingehörten.

● Der erste römische Kaiser hieß Augustus. Er wurde von einer Gruppe reicher Männer beraten, den Senatoren. Sie hatten die eigentliche Macht über Politik und Armee.

● Wenn ein Sklave über Jahre treu gedient hatte oder sein Herr ihm gnädig sein wollte, erhielt er seine Freiheit zurück.

# Was ist die römische Schildkröte?

Wenn sich römische Soldaten dem Feind näherten, wandten sie einen raffinierten Trick an, den „Schildkrötentrick": Sie hielten ihre Schutzschilde hoch über den Kopf und hatten damit einen Schutzpanzer – wie die Schildkröte. So waren sie vor feindlichen Speeren sicher – allerdings sahen sie auch kaum, wo sie hinmarschierten!

Liebe Mami,
hier ist es schrecklich. Die Barbaren sind grausam, und ich glaube, der Zenturio hasst mich. Bitte schicke V Sesterze für Essen.
Dein dich liebender Sohn
Marcus XXX

● Hunger und Kälte machten den Soldaten oft schwer zu schaffen. Viele schrieben Briefe nach Hause, in denen sie um Essen und Kleidung baten.

● Verletzte Soldaten verbanden ihre Wunden mit Spinnweben, die sie vorher in Essig tränkten. Die Spinnen fanden das bestimmt nicht so toll!

# Wer musste 25 Jahre lang Soldat bleiben?

Die meisten Soldaten mussten 25 Jahre lang in der Armee bleiben. Nur wer Bürger der Stadt Rom war, hatte Glück und durfte nach 20 Jahren wieder gehen. Leicht hatten es die Soldaten nicht: Weit weg von zu Hause waren sie allerlei Gefahren ausgesetzt, ihre Ausbildung war hart und die Strafen grausam.

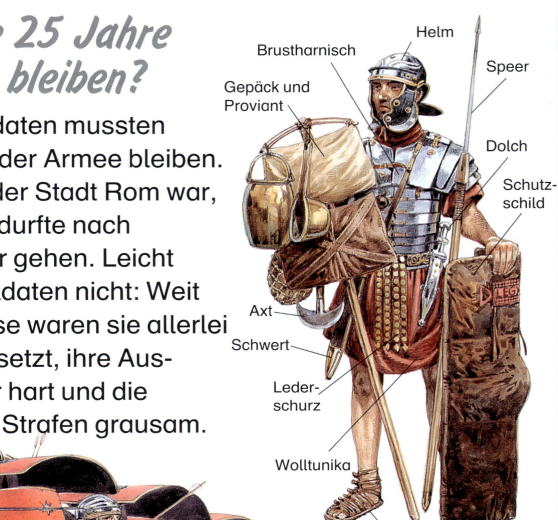

Helm, Brustharnisch, Gepäck und Proviant, Speer, Dolch, Schutzschild, Axt, Schwert, Lederschurz, Wolltunika, Ledersandalen

● Soldaten, die in wärmere Gefilde kamen, trugen nicht viel unter ihren Tuniken. In kalten Gebieten jedoch trugen sie dicke Wollunterwäsche – wie die Einheimischen.

# Welche Götter hatten die Römer?

Die Römer huldigten vielen verschiedenen Göttern und Göttinnen. Sie glaubten, dass die Götter Tag und Nacht über sie wachten. Manche beschützten die Erde und das Meer, andere Ärzte, Kaufleute und Soldaten, und wieder andere wachten über das Wohlergehen der Menschen, über Gesundheit und Schönheit oder die Liebe.

**Jupiter**, König der Götter

**Mars**, Gott des Krieges

**Venus**, Göttin der Liebe

● Die Römer glaubten, dass Schlangen Glück bringen, und bemalten Mauern und Wände mit Schlangenbildern.

● Die Römer glaubten, dass in Flüssen, Wäldern und Feldern Geister leben und die Tiere und Pflanzen dort beschützen.

**Juno**, Königin der Götter

● Kranke Römer beteten zu den Göttern, um wieder gesund zu werden. Wer wieder munter war, brachte eine Dankesgabe in den Tempel – oft ein kleines Abbild des genesenen Körperteils.

**Neptun**, Gott der Meere

**Diana**, Göttin des Mondes und der Jagd

**Apollo**, Gott der Sonne und der Künste

● Die Römer bauten Tempel als Heimstatt für ihre Götter. Jeder Gott und jede Göttin hatte einen eigenen Tempel. Er war aus schönstem Stein gebaut und mit Statuen und Schnitzereien reich verziert.

# Wer wohnte in Hochhäusern?

Rom war eine vielbevölkerte Stadt, und Raum war knapp. Die meisten gewöhnlichen Leute lebten in Wohnblocks, die etwa sechs Stockwerke hoch waren. Im Erdgeschoss befanden sich Geschäfte und Tavernen, in denen es laut zuging.

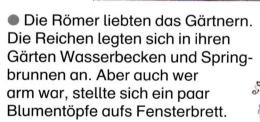

● Die Römer liebten das Gärtnern. Die Reichen legten sich in ihren Gärten Wasserbecken und Springbrunnen an. Aber auch wer arm war, stellte sich ein paar Blumentöpfe aufs Fensterbrett.

● Die Hochhäuser im alten Rom waren so schlecht gebaut, dass sie oft einstürzten. Um solche Unglücke zu vermeiden, erließ Kaiser Augustus ein Gesetz, wonach alle Neubauten nicht höher als 20 Meter sein durften.

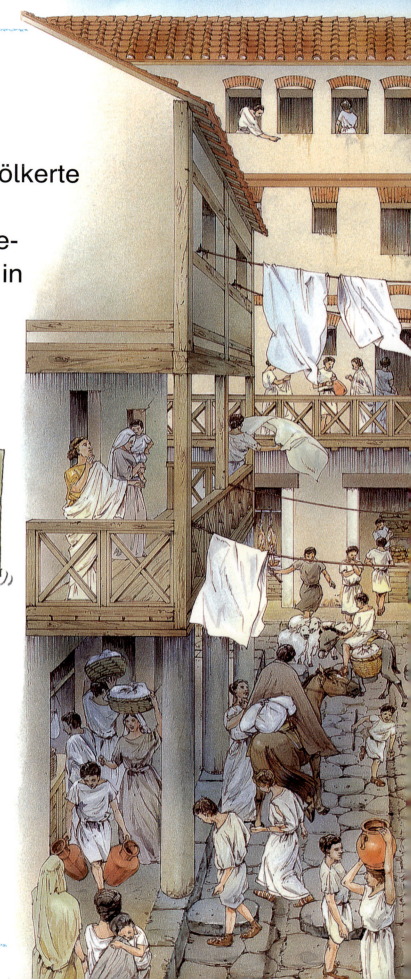

## Wer hatte Löcher im Dach?

Die reichen Leute in Rom bauten ihre Häuser um einen Hof herum. Der Innenhof blieb nach oben offen und ließ immer Tageslicht ein. Im Sommer wehte eine kühle Brise herein – im Winter aber eisiger Wind und Regen.

## Welcher Wachhund war aus Stein?

An vielen römischen Häusern prangte neben dem Eingang ein Bild mit einem Wachhund. Das Mosaikbild war aus winzigen farbigen Steinen zusammengesetzt. Auch Buchstaben waren eingelegt: CAVE CANEM – „Warnung vor dem Hund". Das sollte Einbrecher abschrecken!

# ? Aßen die alten Römer Pizza?

Jeden Tag kauften die Römer in den Gaststätten und Tavernen der geschäftigen Stadt warme Pasteten und würzige Leckereien – sozusagen die antiken „Pizzas". Sie waren belegt mit Zwiebeln, Fisch und Oliven. Tomaten fehlten – die kamen erst rund 1500 Jahre später aus Südamerika.

● Die Tavernen machten mit dem Verkauf von warmen Speisen und Getränken ein Riesengeschäft. Nur wenige Familien hatten eine Küche zu Hause, und Öfen waren in den mehrstöckigen Häusern wegen Feuergefahr verboten.

● Wenn es heiß war, kühlten die reichen Leute ihre Getränke mit Schnee, den Sklaven aus den Bergen herbeischafften.

# Warum übergaben sich die alten Römer beim Festschmaus?

Bei einem Festmahl gab es oft so viel zu schmausen, dass unmöglich alles auf einmal in den Bauch passte. Um schnell wieder Platz zu schaffen, ging man ab und zu hinaus und übergab sich. Dann kehrte man zurück und aß fröhlich weiter!

● Reiche Römer aßen die sonderbarsten Speisen wie etwa gekochten Strauß oder Haselmäuse in Honig. Und sie liebten Überraschungen. So wurde einmal bei einem Festschmaus ein gegrilltes Schwein tranchiert, und heraus flog eine Schar lebendiger Drosseln.

# Wer aß im Liegen?

Reiche Römer saßen nicht am Tisch, sondern sie lagen auf Ellbogen gestützt auf langen Holzliegen. Das war bestimmt nicht gut für die Verdauung. Ihre Kinder waren sehr viel vernünftiger – sie saßen auf Stühlen daneben.

# Wer ging im alten Rom zur Schule?

● In der Grundschule gab es nur drei Fächer: Lesen, Schreiben und Rechnen.

Jungen und Mädchen aus wohlhabenden Familien kamen in die Schule, wenn sie sieben waren. Kinder aus armen Familien blieben zu Hause. Einige von ihnen erledigten Botengänge für ihre Eltern oder suchten sich Arbeit. Andere spielten auf der Straße.

## Welche Sprache sprachen die alten Römer?

In Italien sprachen die Leute Latein. Doch in allen anderen Gebieten sprach man eigene, örtliche Sprachen. Da es im ganzen Reich so viele verschiedene Sprachen gab, mussten alle Latein lernen, damit man sich untereinander verständigen konnte.

- Die Mädchen verließen die Schule mit elf, die Jungen erst mit 16 oder 18.

## Womit spielten die Kinder?

Römische Kinder spielten mit allem Möglichen. Wenn sie sich keine Murmeln aus Glas oder Keramik leisten konnten, dann nahmen sie dafür einfach kleine, runde Nüsse. Sie spielten auch mit Würfeln aus Knochen. Oder sie pusteten Schweinsblasen auf wie Ballons und spielten damit Fußball.

- Die alten Römer liebten es, auf Wände zu kritzeln. Bis heute kann man auf so mancher Mauer Boshaftigkeiten lesen, die sie einst über Herrscher, Feinde und auch Freunde schrieben.

- Um Zahlen zu schreiben, verwendeten die Römer Buchstaben:
I für 1,
V für 5,
X für 10,
L für 50 und so fort.

I, II, III, IV, V, VI, VII, VIII, IX, X, XI, XII, XIII, XIV,...

# ❓ Wer wurde den Löwen vorgeworfen?

An besonderen Tagen strömten die Römer scharenweise ins Amphitheater, um spektakuläre Darbietungen zu sehen. Christen, Kriminelle und Sklaven wurden in der Arena den Löwen vorgeworfen. Das Publikum schrie und jubelte begeistert. Uns erscheint das heute grausam, aber für die Menschen damals war es ein Heidenspaß.

● Das Kolosseum war ein Amphitheater in Rom. Es bot bis zu 50 000 Zuschauern Platz.

● Kämpfe anzuschauen war ebenfalls ein beliebter Freizeitspaß. Gladiatoren waren Sklaven, die zur Unterhaltung der blutgierigen Zuschauermenge in die Arena geschickt wurden, um Tiere – oder sich gegenseitig – zu töten.

● Löwen, Leoparden, Krokodile, Wölfe, Bären – aus allen Teilen des Reichs wurden Tiere nach Rom verschifft, wo Tausende von ihnen an einem einzigen Tag im Amphitheater getötet wurden.

## Was war das Hippodrom?

Das Hippodrom, oder der Zirkus, war ein riesiges Sportstadion mit einer ovalförmigen Rennstrecke, auf der spannende Wagenrennen stattfanden. Wagenrennen waren die Lieblingssportart der Römer. Zu Tausenden strömten sie ins Hippodrom und schlossen Wetten auf ihre Lieblingsmannschaft ab.

# Das Mittelalter

## In welcher Mitte lag das Mittelalter?

**476 n.Chr.**

Wir nennen die Jahre zwischen dem Altertum und der Neuzeit in Europa das Mittelalter. Es begann um 470, als die Herrschaft der Römer zu Ende ging, und dauerte bis etwa 1450.

- Die Römer beherrschten einst den größten Teil Europas und Nordafrikas. Dann drangen kriegerische Stämme in ihr Reich ein und es zerfiel in viele kleine Königreiche. Um 1450 bestand Europa wieder aus größeren Ländern, wie es auch in unserer Zeit ist.

- Die große Karte zeigt die Völker und Orte, über die in diesem Kapitel gesprochen wird.

- Im Mittelalter wusste niemand, wie die übrige Welt aussah.

● So stellten arabische Kartenzeichner die Welt um 1150 dar. Sie zeigten Asien, Nordafrika und Europa. Weder die Araber noch die Europäer hatten eine Ahnung davon, dass es noch andere Kontinente gab.

● Die meisten Menschen glaubten, die Erde sei eine flache Scheibe. Seeleute hatten Angst, sie würden über ihren Rand fallen, wenn sie sich zu weit von den Küsten entfernten!

87

# Warum hatten Burgen eine Zugbrücke?

Eine Burg war von einem breiten, mit Wasser gefüllten Graben umgeben. Er sollte Feinde davon abhalten, die Mauern zu erstürmen. Besucher überquerten den Burggraben über eine Zugbrücke. Wenn Feinde anrückten, wurde sie hochgezogen.

● Spione und Verräter wurden im Verlies in Ketten gelegt. Das war ein dunkles, feuchtes Gefängnis voller Ratten und Spinnen!

● Manchmal umzingelten die Angreifer eine Burg und belagerten sie. Wenn die Burgbewohner nach Wochen oder Monaten nichts mehr zu essen und zu trinken hatten, mussten sie aufgeben.

● Überall in der Welt baute man zum Schutz von Dörfern und Städten dicke Steinmauern. Das Bild rechts zeigt eine ummauerte Stadt, die die Schona vor rund 1 000 Jahren im südafrikanischen Simbabwe errichteten.

● Pueblo Bonito hieß eine von Mauern umgebene Stadt, die das Volk der Anasazi zwischen 950 und 1300 in Nordamerika baute.

● Im 14. Jahrhundert konnte man in Europa eiserne Kanonen herstellen. Nun war es schon leichter, die Mauern einer Burg zum Einsturz zu bringen – vorausgesetzt, das Schießpulver zündete!

89

# Warum trugen Ritter eine Rüstung?

In einer Schlacht bekämpften sich Ritter mit Schwertern, Äxten, Pfeilen, langen, spitzen Lanzen und eisernen Keulen, Streitkolben genannt. Um sich vor diesen scharfen Waffen zu schützen, trugen sie eine Rüstung aus Metall, die den ganzen Körper bedeckte.

● Bis um 1200 trugen die Ritter ein Kettenhemd. Es bestand aus miteinander verbundenen Metallringen. Später verstärkte man die Rüstung mit Eisenplatten. Am Ende des Mittelalters sah der Ritter wie eine Konservendose auf Beinen aus – von oben bis unten in Metall verpackt!

● Es war sehr umständlich, die Rüstung anzulegen. Ein Knappe half seinem Herrn, sich für die Schlacht fertig zu machen. Er war ein junger Adliger, der zum Ritter erzogen wurde. Um den Druck der schweren Rüstung abzupolstern, wurde darunter ein Unterkleid aus dickem Stoff getragen.

● Japanische Ritter heißen Samurai. Ihre Rüstung bestand aus Metallplättchen, die auf gepolsterten Teilen aus Leder oder Seide befestigt waren.

● Pfeil und Bogen wurden fast überall in der Welt als tödliche Waffen verwendet.

Englischer Langbogenschütze

Türkischer Armbrustschütze

Aztekenkrieger

Mongolischer Bogenschütze

● Ein Samurai nahm stets ein Bad, bevor er in den Kampf zog. So war er, falls er nicht überlebte, sauber und bereit, in den Himmel zu kommen.

# Gab es auf Burgen Klos?

Ja, die Toiletten waren als kleine Erker oben in die Burgmauern gebaut. Alles fiel in den Burggraben oder in eine stinkende Abfallgrube, die ein unglücklicher Diener von Zeit zu Zeit leeren musste.

● Im Mittelalter gab es kaum Toiletten. Die meisten Menschen benutzten Nachttöpfe und schütteten den übel riechenden Inhalt einfach auf die Straße.

# Was hielt man vom Baden?

Die Europäer waren damals nicht allzusehr versessen auf Reinlichkeit. Wer Geld hatte, konnte sich einen Besuch im öffentlichen Badehaus leisten. Nur die ganz Reichen besaßen ein eigenes Bad. Sie benutzten Bottiche aus Holz und hatten manchmal einen Splitter im Po!

● In Südeuropa kam Seife um 700 in Gebrauch. Bei den Nordeuropäern dauerte es etwas länger, ehe sie sich auch hinter den Ohren wuschen!

● So sieht ein Pestfloh unter dem Mikroskop aus.

# Was war der schwarze Tod?

„Schwarzer Tod" nannte man eine schreckliche ansteckende Krankheit, die Pest. Im Mittelalter tötete sie überall in Europa und Asien Millionen von Menschen. Ganze Dörfer und Familien wurden ausgelöscht.

● Der schwarze Tod wurde 1338 aus Asien nach Europa eingeschleppt und breitete sich schnell aus. Die Seuche wurde durch Stiche von Flöhen, die auf Ratten sitzen, auf den Menschen übertragen.

# ? Warum trugen Könige und Königinnen Kronen?

Die Herrschenden waren im Mittelalter viel mächtiger als heute. Sie erließen die Gesetze und jeder musste tun, was sie anordneten. Die glitzernde goldene Krone war ein Zeichen ihrer Macht – ebenso wie das Zepter oder der Thron.

● In vielen Ländern werden die Gesetze heute von einer Gruppe von Leuten erlassen, die wir Parlament nennen, und nicht mehr vom König oder der Königin.

Fürsten und Bischöfe

König und Königin

Ritter

Freie Männer und Frauen

Bauern

● Der König befahl den Fürsten, was sie tun sollten. Die Fürsten befahlen den Rittern, was sie tun sollten. Und alle befahlen den armen Bauern, was sie tun sollten.

- Der Herrscher der Inka in Südamerika trug eine Krone aus Gold und Federn. Seine Kleidung war aus feinster Wolle gewebt.

# Waren die Bauern zufrieden?

Nein, denn sie waren arm und machtlos. Darum erhoben sie sich manchmal gegen ihre Herren. So versuchten sie, ihre Lage ein wenig zu verbessern.

- Die Bauern mussten ihrem Herrn, dem das Land gehörte, einen Teil der Ernte und Geld abgeben – auch wenn sie selbst oft hungerten.

- Europäische Könige und Königinnen bekamen oft lustige Beinamen. Manche Herrscher waren gut, andere schlecht – und einige waren einfach nur hässlich!

Malcolm der Dickkopf, König von Schottland

Wladislaw der Kurze, König von Polen

Emanuel der Glückliche, König von Portugal

# Warum aß man mit den Fingern?

Die Europäer benutzten beim Essen zwar Messer und Löffel, doch Gabeln waren unbekannt. Reiche wie Arme schoben stattdessen die Häppchen mit den Fingern in den Mund. Bei Festen reichten Diener Fisch und Fleisch in handlichen Stückchen, sodass man sich leicht bedienen konnte – es sei denn, sie lagen in einer glitschigen Soße!

● Das Trinkwasser war schmutzig und voller Krankheiten. Zum Glück tranken die meisten Menschen Wein oder Bier.

● Es waren durchaus keine schlechten Tischmanieren, wenn man die Knochen für die Hunde auf den Boden warf.

● Bei höfischen Festen war es üblich, einen riesigen Überraschungskuchen zu servieren. Wenn er angeschnitten wurde, sprangen Musikanten, Akrobaten oder fremdartige Tiere heraus.

● Bis zum 15. Jahrhundert kannte man kaum Teller. Stattdessen aß man von einer dicken Scheibe Brot, die man nach Beendigung des Mahls meist auch noch verzehrte.

## Kannte man Kartoffeln?

Die Inka in Südamerika bauten Kartoffeln an und aßen sie, aber bis Mitte des 16. Jahrhunderts waren sie sonst noch nirgendwo bekannt. Entdeckungsreisende brachten sie und viele andere neue Gemüsesorten aus Amerika nach Europa mit.

● Der Tisch der armen Bauern war nicht so reich gedeckt. Meist ernährten sie sich von dunklem Brot aus Roggen- oder Gerstenmehl, Haferbrei oder Gemüseeintopf.

● Die Inka hielten Meerschweinchen als Haustiere, so wie die Bauern in anderen Ländern Schweine hielten. Meerschweinchen werden noch heute in Peru gegessen.

## Gab es schon Kaugummi?

Das Volk der Maya in Mittelamerika gewann aus dem Harz des Zapote-Baums eine Art Kaugummi. Es hieß Chicle.

# Mussten Kinder zur Schule gehen?

Im Mittelalter gab es kaum Schulen und die meisten Kinder besuchten nie eine. Manchmal wurde eine Schule von einer Kirche, einer Moschee oder einem Tempel geführt. Doch dort unterrichtete man die Kinder hauptsächlich in Religion. Nur wenige lernten auch Lesen und Schreiben.

● Manche Jungen, selten auch Mädchen, wurden in die Fremde geschickt, um ein Handwerk zu erlernen. Sie gingen dann zum Beispiel bei einem Fleischer oder Wollhändler in die Lehre.

● Schon 859 besuchten Studenten die Universität der Karaouine-Moschee von Fes in Marokko.

● Obwohl nur wenige Mädchen eine Schule besuchten, gab es doch einige berühmte Schriftstellerinnen. Im 14. Jahrhundert kämpfte die Französin Christine de Pisan als eine der ersten für die Rechte und die Würde der Frauen.

| römisch | I | II | III | IV | V | VI | VII | VIII | IX | X |
|---|---|---|---|---|---|---|---|---|---|---|
| indisch | ੧ | ३ | ३ | ४ | ५ | ६ | ७ | ८ | ९ | ९० |
| arabisch | ا | ت | ٣ | ح | ○ | ۲ | ۷ | ۸ | ۹ | ۱۰ |
| europäisch (Mittelalter) | 1 | 2 | 3 | 8 | 4 | 6 | Λ | 8 | 9 | 10 |
| arabisch (modern) | 1 | 2 | 3 | 4 | 5 | 6 | 7 | 8 | 9 | 10 |

● Anfang des 14. Jahrhunderts schrieben 2000 chinesische Gelehrte an dem bis dahin dicksten Lexikon. Es hatte 12 937 Kapitel! Wenn man täglich eines lesen würde, bräuchte man 60 Jahre, bis man es durchgelesen hätte!

● Die Araber schrieben ihre Zahlen ähnlich wie die, die Inder vor ihnen entwickelt hatten. Im Mittelalter übernahmen die Gelehrten Europas diese Zahlen und verwendeten die alten römischen nicht mehr.

## Wozu brauchten die Inka Knoten?

Die Inka kannten keine Schrift. Sie gebrauchten aber lange, farbige Schnüre, die Quipu. In diese knüpften sie Knoten, mit denen sie zählten und vieles aufzeichneten.

● Nur die Kinder einiger Inka-Fürsten lernten das Geheimnis der Knotenschrift kennen. Bis heute hat sich auch der klügste Wissenschaftler beim Versuch, sie zu entziffern, in den Schnüren verheddert!

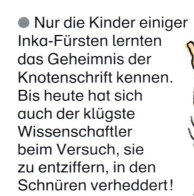

# Warum lagen Bücher an der Kette?

Bis zum 15. Jahrhundert waren Bücher sehr selten, weil sie mühselig von Hand geschrieben werden mussten – es gab noch keine Maschinen, mit denen man in kurzer Zeit viele Bücher drucken konnte. Darum waren Bücher so kostbar, dass man sie zum Schutz vor Diebstahl ankettete.

● Mönche schrieben Bücher mit Gänsekielen, die sie in Tinte tauchten. Sie schmückten sie wunderschön mit Bildern, für die sie bunte Farben und sogar Blattgold verwendeten.

● Bereits vor 1300 Jahren verstanden es die Chinesen, Bücher zu drucken, statt sie abzuschreiben. Sie benutzten dazu Holzstempel.

● Der Deutsche Johannes Gutenberg erfand um 1440 den Buchdruck. Für seine Druckerpresse verwendete er bewegliche Bleibuchstaben, die beliebig zu Wörtern zusammengestellt werden konnten.

# Warum wusste man nie genau, wie spät es war?

Es gab Wasseruhren, aus denen das Wasser gleichmäßig ablief, doch im Winter gefror es zu Eis. Man benutzte auch Kerzen, an denen man die Zeit ablas, während sie abbrannten, aber sie verlöschten leicht. Und es gab Sonnenuhren, an denen man die Zeit am Schatten ablas – doch oft war der Himmel bewölkt!

- Zum Glück erfand man schließlich mechanische Uhren, die gleichmäßig tickten! Man hielt sie mit Gewichten und Zahnrädern in Gang.

Zahnrad

Gewicht

- Spinnräder kamen um 1200 aus China und Indien nach Europa. Wie alle guten Erfindungen, erleichterten sie das Leben – es war einfacher, beim Spinnen ein Rad zu drehen, als mit einer Spindel zu hantieren.

- Die Europäer bauten erst Ende des 12. Jahrhunderts Windmühlen, um ihr Getreide zu mahlen. Bei den Persern gab es sie schon sehr viel früher.

101

# Der Mensch

# Ist mein Körper genauso wie der von anderen Leuten?

Auf der ganzen Welt gibt es keinen Menschen, der dir genau gleicht – du bist einmalig! Doch obwohl du anders bist als alle anderen, ist dein Körper genau so aufgebaut wie ihrer. Er besteht aus denselben Einzelteilen, die all die verschiedenen Aufgaben erfüllen, um dich am Leben zu erhalten.

• Jeder Mensch hat die unten abgebildeten wichtigen Teile in seinem Körper.

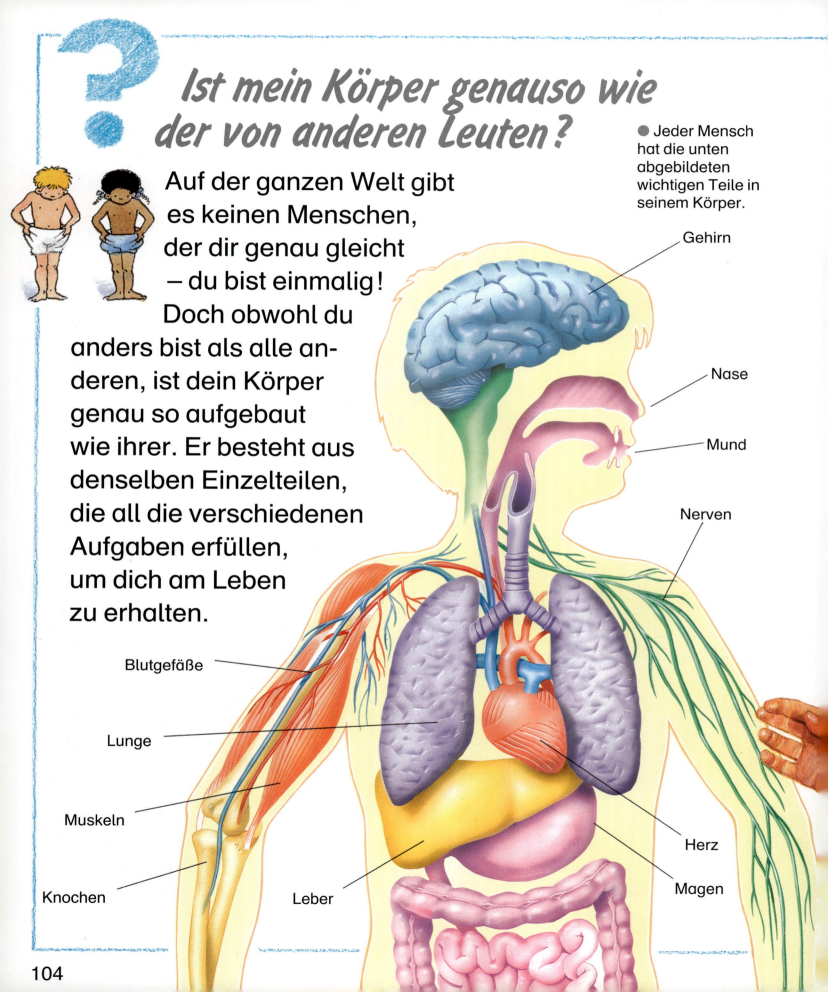

Gehirn
Nase
Mund
Nerven
Blutgefäße
Lunge
Muskeln
Herz
Knochen
Leber
Magen

104

● Hier siehst du, worin sich die Körper von Menschen unterscheiden können.

Das Haar kann dunkel, blond oder rot sein, gelockt, gewellt oder glatt.

Die Augen können blau, braun, grau oder grün sein.

Die Nasen können unterschiedlich geformt sein.

Manche Leute haben Sommersprossen.

Die Muskeln sind verschieden groß.

Es gibt viele verschiedene Hautfarben.

Manche Menschen sind groß, andere klein.

Manche Menschen sind dick, andere dünn.

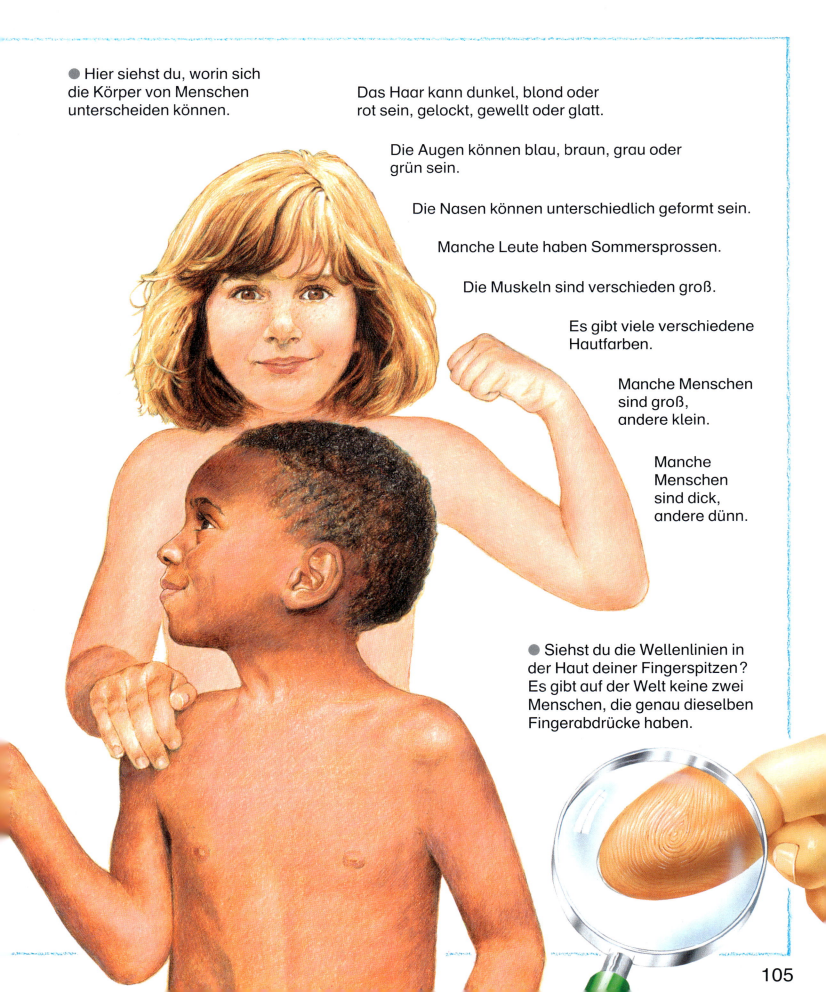

● Siehst du die Wellenlinien in der Haut deiner Fingerspitzen? Es gibt auf der Welt keine zwei Menschen, die genau dieselben Fingerabdrücke haben.

# ? Wie bewege ich mich?

Die Muskeln bewegen die Knochen. Wenn du lachst oder weinst, sprichst oder isst, läufst oder springst, tun deine Muskeln die Arbeit.

● Ein Muskel kann sich nur zusammenziehen. Um sich wieder zu strecken, braucht er einen zweiten Muskel, der ihn wieder auseinander zieht.

● Die größten Muskeln sind die, auf denen du sitzt!

# Warum haben starke Menschen große Muskeln?

Muskeln, die viel gebraucht werden, werden groß und kräftig. Aus diesem Grund müssen Sportler viel trainieren.

● Viele Tennisspieler haben in dem Arm, mit dem sie den Schläger führen, stärkere Muskeln als im anderen.

● Um einen Knochen zu bewegen, verkürzt sich ein Muskel und zieht den Knochen in eine Richtung. Um den Knochen wieder zurückzuziehen, verkürzt sich ein anderer Muskel. Die Muskeln sind durch starke weiße Sehnen an den Knochen befestigt.

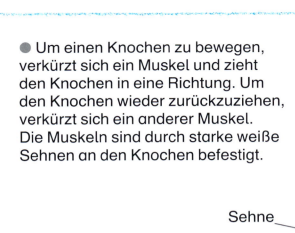

Sehne

Wenn sich dieser Muskel verkürzt, beugst du den Arm.

Wenn sich dieser Muskel verkürzt, streckt sich der Arm.

## Was ist ein Krampf?

● Hast du nach dem Laufen schon einmal Seitenstechen gehabt? Das sind Schmerzen direkt unter den Rippen. Dann hattest du einen Krampf in den Atemmuskeln unter der Lunge.

Bei einem Krampf hat sich ein Muskel zusammengezogen und lässt sich nicht wieder auseinander ziehen. Das tut sehr weh. Niemand weiß genau, warum es zu solchen Krämpfen kommt, aber es hilft, wenn man den betroffenen Körperteil vorsichtig bewegt und reibt.

# Woher komme ich eigentlich?

Du bist entstanden, als eine winzige Eizelle im Körper deiner Mutter (nicht größer als ein Punkt) mit einer Samenzelle deines Vaters verschmolz. Dann bist du gewachsen, bis du groß genug warst, um geboren zu werden.

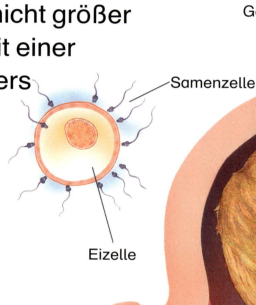

- Du warst etwa neun Monate lang in der Gebärmutter deiner Mutter. Als du größer wurdest, vergrößerte sich auch ihre Gebärmutter.

- In der Gebärmutter hast du in einer Art Sack voller Wasser gelebt, in dem du warm und sicher aufgehoben warst.

- Du bist im Körper deiner Mutter herangewachsen, in einem Teil ihres Bauches, der Gebärmutter heißt.

- Als du geboren werden wolltest, weitete sich die Öffnung der Gebärmutter, um dich hinauszulassen.

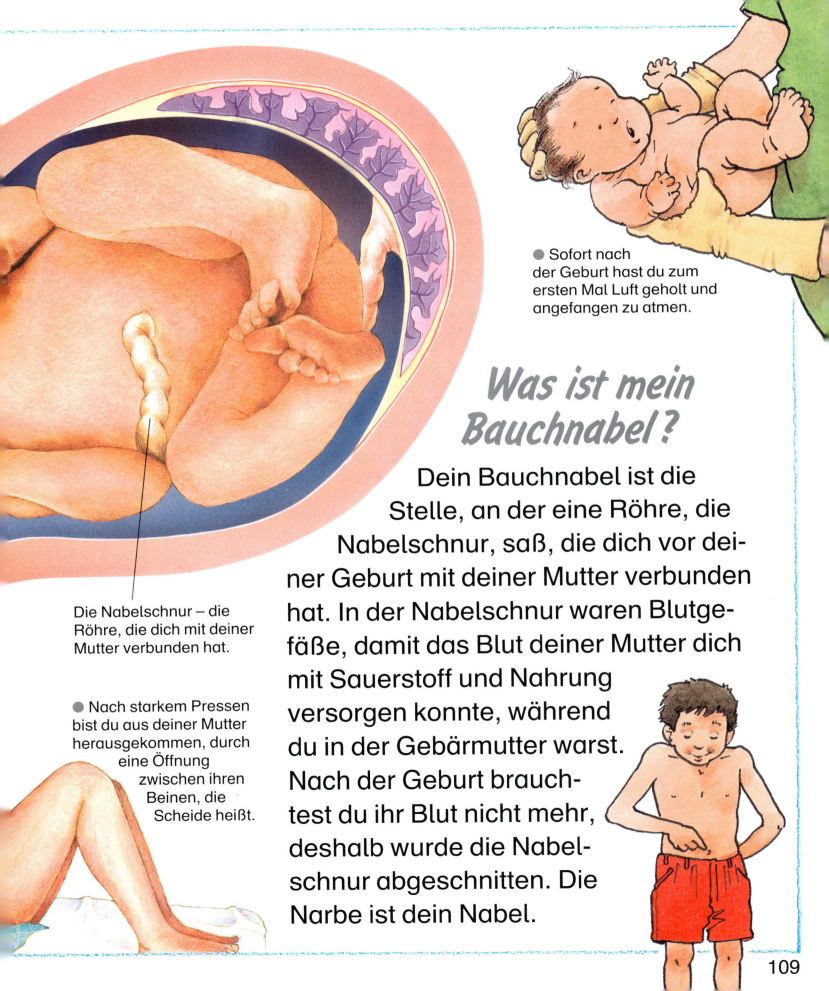

Die Nabelschnur – die Röhre, die dich mit deiner Mutter verbunden hat.

● Nach starkem Pressen bist du aus deiner Mutter herausgekommen, durch eine Öffnung zwischen ihren Beinen, die Scheide heißt.

● Sofort nach der Geburt hast du zum ersten Mal Luft geholt und angefangen zu atmen.

## Was ist mein Bauchnabel?

Dein Bauchnabel ist die Stelle, an der eine Röhre, die Nabelschnur, saß, die dich vor deiner Geburt mit deiner Mutter verbunden hat. In der Nabelschnur waren Blutgefäße, damit das Blut deiner Mutter dich mit Sauerstoff und Nahrung versorgen konnte, während du in der Gebärmutter warst. Nach der Geburt brauchtest du ihr Blut nicht mehr, deshalb wurde die Nabelschnur abgeschnitten. Die Narbe ist dein Nabel.

## Wo bleibt mein Essen?

Alles, was du isst oder trinkst, wird durch eine enge Röhre in den Magen befördert. Er knetet das Essen so lange durch, bis es zu einem Brei geworden ist. Dieser wandert durch einen sehr langen gewundenen Schlauch, der Darm heißt. Jetzt sind die verwertbaren Bestandteile deiner Mahlzeit so stark zerkleinert, dass sie ins Blut übergehen und sich im ganzen Körper verteilen, damit er Energie zum Leben und Wachsen gewinnt.

● Dein Körper sagt dir, dass er Nahrung braucht, indem er dich hungrig werden lässt.

## Warum muss ich auf die Toilette?

In deiner Nahrung sind Teile enthalten, die der Körper nicht verwenden kann. Sie werden bis ans Ende des Darms geschoben, und wenn du auf die Toilette gehst, werden sie durch eine Öffnung in deinem Po, dem After, ausgeschieden.

● Das Wasser, das dein Körper nicht braucht, wird Urin genannt. Es kommt aus einer anderen Öffnung heraus.

● Es kann manchmal ein oder zwei Tage dauern, bis etwas, das du gegessen hast, seine Reise durch den Körper beendet hat.

● Wenn Luft aus dem Magen in der Speiseröhre wieder hochkommt, musst du aufstoßen. Viele Leute müssen aufstoßen, wenn sie Brause getrunken haben.

## Warum knurrt mein Magen?

Wenn dein Magen ein paar Stunden lang leer war, füllt er sich mit einem Gas – so etwas ähnlichem wie Luft. Dann fängt der Magen an, das Gas so durchzukneten, wie er es mit Essen tun würde. Dabei entsteht ein rumpelndes Geräusch, das sich beinahe anhört wie ein Gewitter!

Magen
Blinddarm
After
Darm

# Wie weit kann ich in einer Stunde gehen?

Wenn du eine Stunde lang gehst ohne Pausen einzulegen, tragen dich deine Beine etwa vier Kilometer weit. Wenn du schnell läufst oder gar rennst, schaffst du mehr, aber du musst unterwegs sicherlich ein paarmal anhalten, um Luft zu holen. Am leichtesten kommst du mehr als ein paar Kilometer in der Stunde voran, wenn du dich mitnehmen lässt!

● Für die Strecke, die dich ein Jumbo-Jet in einer Stunde bringen würde, müsstest du zehn ganze Tage und Nächte unterwegs sein.

● Eine Gartenschnecke bräuchte mehr als drei Tage, um so weit zu kommen, wie du in einer Stunden gehen kannst.

● Auf einem trabenden Pferd kommst du dreimal so schnell voran wie zu Fuß.

● Radrennfahrer sind mindestens zehnmal so schnell wie du zu Fuß. Sie legen etwa 40 Kilometer in der Stunde zurück.

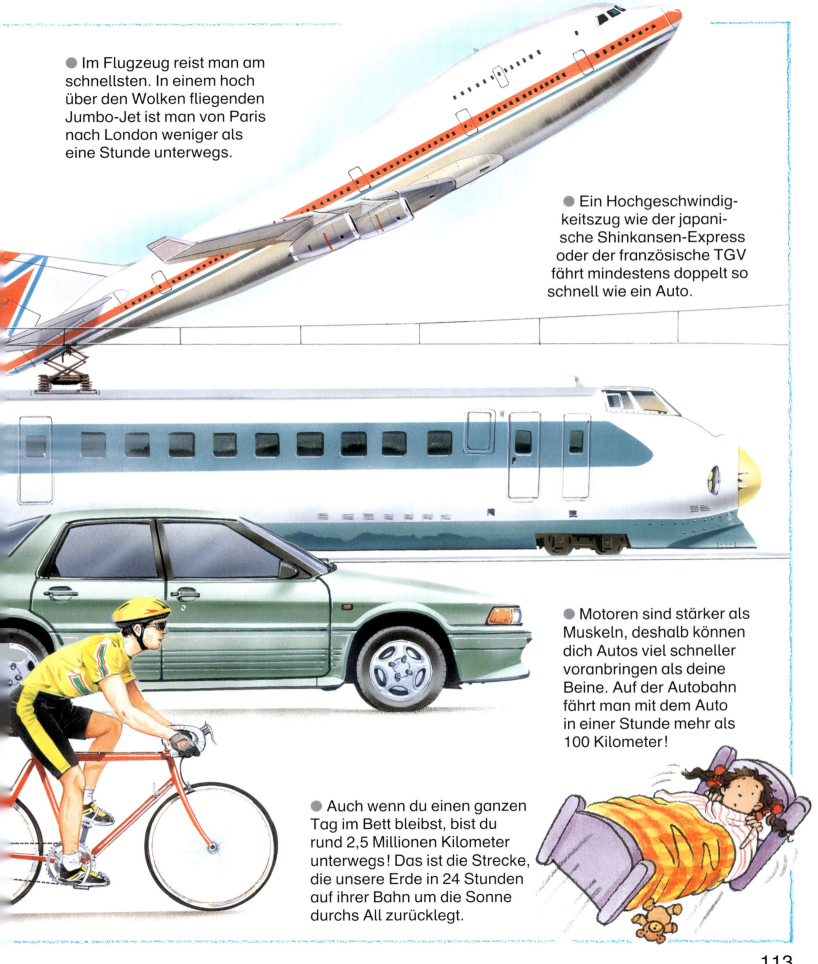

● Im Flugzeug reist man am schnellsten. In einem hoch über den Wolken fliegenden Jumbo-Jet ist man von Paris nach London weniger als eine Stunde unterwegs.

● Ein Hochgeschwindigkeitszug wie der japanische Shinkansen-Express oder der französische TGV fährt mindestens doppelt so schnell wie ein Auto.

● Motoren sind stärker als Muskeln, deshalb können dich Autos viel schneller voranbringen als deine Beine. Auf der Autobahn fährt man mit dem Auto in einer Stunde mehr als 100 Kilometer!

● Auch wenn du einen ganzen Tag im Bett bleibst, bist du rund 2,5 Millionen Kilometer unterwegs! Das ist die Strecke, die unsere Erde in 24 Stunden auf ihrer Bahn um die Sonne durchs All zurücklegt.

113

# Warum kommunizieren wir?

Bei der Kommunikation geht es um den Austausch von Informationen. Würden wir unser Wissen nicht mitteilen, müssten wir alles aus eigener Erfahrung lernen. Zum Beispiel, dass man sich an Feuer verbrennen kann. Ohne Verständigung könnten wir viele Fertigkeiten nicht erwerben, wie etwa das Lesen. Vor allem aber wird unser Leben schöner, wenn wir Erlebnisse mit anderen teilen.

● Bilder eignen sich hervorragend, um etwas zu erklären. Auch Menschen, die nicht lesen können oder eine andere Sprache sprechen, verstehen sie.

● Wir können unsere Bedürfnisse auch schon ausdrücken, bevor wir sprechen können.

# Wie kommunizieren wir?

● Nimm eine Dose, fülle sie mit Gegenständen der heutigen Zeit, verschließe sie gut und vergrabe sie irgendwo. Vielleicht gräbt jemand deine Zeitkapsel in ferner Zukunft aus und kann damit ein lebendiges Bild der Vergangenheit zusammensetzen.

Wenn wir uns mit unserem Gegenüber verständigen wollen, benutzen wir Stimme und Körpersprache. Wohnt jemand weiter weg, können wir mit ihm telefonieren oder einen Brief senden. Auch Leute, die wir nicht persönlich kennen, kommunizieren mit uns: über die Bücher, die sie schreiben oder über die Fernsehprogramme und Filme, die sie machen.

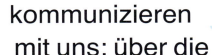

● Nicht kommunizieren zu können, ist schrecklich. Aus diesem Grund bestraft man Menschen im Gefängnis manchmal mit Einzelhaft.

# ❓ Unterstützen unsere Sinne die Kommunikation?

Äußere Eindrücke nehmen wir mit den Sinnen wahr. Geschmacks-, Tast- und Geruchssinn sagen uns etwas über die Dinge in unserer unmittelbaren Umgebung. Über die Augen und Ohren sehen und hören wir, was weiter weg geschieht.

● Wenn einer unserer Sinne ausgeschaltet ist, wie etwa das Sehen beim Blinde-Kuh-Spielen, nehmen wir andere Sinne zu Hilfe.

● Wenn du dich verletzt, übertragen winzige Nervenenden von der Haut Botschaften in dein Gehirn. Schmerz lehrt uns, eine unangenehme Erfahrung nicht zu wiederholen.

## Wie spricht man mit den Händen?

Gehörlose und stumme Menschen benutzen die Zeichensprache zur Verständigung. Manche Zeichen stehen für Buchstaben, aber die meisten Wörter müssen nicht vollständig buchstabiert werden: Für häufig gebrauchte Wörter gibt es ein eigenes Zeichen.

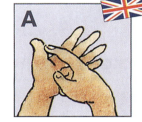
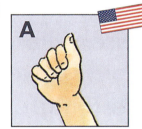

● Ein blinder Mensch braucht jemanden, der ihm seine Augen leiht. Die Ausbildung eines Blindenhundes dauert zwei Jahre. Dann aber bleibt er seinem Herrchen ein Leben lang treu.

● Es gibt verschiedene Zeichensprachen, so wie es auch viele gesprochene Sprachen gibt. Um amerikanische Zeichen darzustellen, genügt normalerweise eine Hand, für englische braucht man meistens beide Hände.

## Wann hat die Nase den besten Riecher?

In Gefahrensituationen ist die Nase oft sehr nützlich. Wenn Gas ausströmt, kann man das häufig nicht sehen oder hören, aber riechen. Deine Nase warnt dich auch vor verdorbenen Speisen – rieche nur mal an einer zu alten Milchpackung!

# Was sagen wir durch unsere Körperhaltung?

Um sich mitzuteilen, muss man nicht immer reden – man kann auch den Körper einsetzen. Überlege nur einmal, auf wie viele Arten man sich ohne Worte begrüßen kann. Je nachdem, in welchem Land man lebt, begrüßt man sich unterschiedlich: Man winkt sich zu, schüttelt sich die Hand, küsst sich auf die Wangen, umarmt sich innig, reibt die Nasen aneinander oder verbeugt sich voreinander.

## Wo ist „nichts" unhöflich?

Wenn du mit Daumen und Zeigefinger einen Ring formst, bedeutet das in Frankreich „nicht wichtig". Doch mit der gleichen Geste gibst du jemandem im Mittleren Osten unfreundlich zu verstehen, dass er Leine ziehen soll! In Japan steht das Zeichen für Geld und in Amerika heißt es „Okay!".

● Wenn man lügt, fasst man sich oft mit der Hand ins Gesicht – als ob man die Lüge, die man ausspricht, verdecken wollte!

● Wenn man vergnügt mit jemandem plaudert, kann es vorkommen, dass man die Bewegungen des anderen nachahmt.

● Ist man nervös, verschränkt man häufig die Arme. Man baut gewissermaßen eine Schranke, um sich zu schützen.

● Man kann sich per Körpersprache begrüßen. In Japan ist es höflich, sich beim Gruß zu verneigen. Dabei beugt man die Taille und schließt die Fersen zusammen.

# ? Wo leben die meisten Menschen?

China zählt heute mehr als eine Milliarde Einwohner. Und täglich kommen etwa 48 000 neue Erdenbürger dazu. Wenn dir dabei die vielen Geburtstagsfeste einfallen, dann irrst du! Alle Chinesen feiern ihren Geburtstag am chinesischen Neujahrstag!

● Mit spektakulären Straßenumzügen feiern Chinesen auf der ganzen Welt jedes Jahr Ende Januar oder Anfang Februar das chinesische Neujahrsfest.

● Die weltweit größte Geburtstagsparty fand am 4. Juli 1991 statt. Nicht eine Person, sondern zwei Länder – die USA und Kanada – hatten Geburtstag. Mehr als 75 000 Menschen nahmen an den Feierlichkeiten teil.

# Wie heißt das größte Land?

Russland! Es ist so riesig, dass man von einer Landesgrenze zur anderen acht Tage mit dem Zug fahren muss. Wenn die Schulkinder im Westen morgens losgehen, kommen sie im Osten bereits nach Hause.

MOSKAU

WLADIWOSTOK

# Wo liegt Niemandsland?

Antarktika ist eine unwirtliche Eiswüste. Der Südpolarkontinent ist kein Land im Sinne eines Staates, denn dort gibt es keine Menschen, keine Regierung und auch nur eine symbolische Flagge. Mehrere Länder haben sich darauf geeinigt, die Wildnis von Antarktika zu schützen und zu erforschen.

● Die einzigen Menschen auf Antarktika sind ein paar hundert Forscher, die dort Gesteinsschichten, Klimabedingungen oder die Tiere und Pflanzen untersuchen.

# Welche Stadt schwebt in den Wolken?

Lhasa ist eine Stadt in Tibet. Sie wurde an den Hängen des höchsten Gebirges der Welt erbaut, des Himalaya. Lhasa liegt hoch und damit meist in den Wolken, die den Ort in einen dicken, feuchten Nebelschleier tauchen.

● Tibet wird oft das Dach der Welt genannt, weil es so hoch in den Bergen liegt.

# Warum gehen Venezianer auf dem Wasser?

Die italienische Stadt Venedig wurde in einer geschützten Lagune am Meer auf Dutzenden von kleinen Inseln errichtet. Zwischen den Inseln verlaufen Kanäle – die „Hauptstraßen" der Stadt. Will man in Venedig in ein anderes Stadtviertel gelangen, nimmt man nicht etwa den Bus, sondern ein Motorboot oder eine Gondel.

- Ungefähr 1 000 Treppenstufen führen zum Potala-Palast, der hoch oben über den Straßen Lhasas thront. Die Dächer dieses prächtigen Gebäudes sind aus reinem Gold!

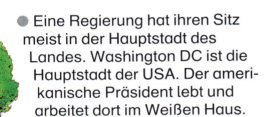

- Eine Regierung hat ihren Sitz meist in der Hauptstadt des Landes. Washington DC ist die Hauptstadt der USA. Der amerikanische Präsident lebt und arbeitet dort im Weißen Haus.

# Wie heißt die größte Stadt der Welt?

Mehr als 21 Millionen Menschen zählt die Hauptstadt Mexikos. Damit hat Mexiko-Stadt mehr Einwohner als Australien. Und die Stadt wächst immer noch weiter!

# Wer wohnt in einem Langhaus?

Lang gezogene, offene Pfahlbauten aus Holz oder Bambus sind die typischen Häuser der Tropeninsel Borneo. In einem Langhaus wohnen viele Familien, jede in einem eigenen Raum.

● Bis zu hundert Familien finden in einem einzigen Langhaus Unterkunft.

● Mit Wolkenkratzern schafft man auf einer kleinen Grundfläche viel Wohnraum. Sie bestimmen das Bild der Großstädte.

## Gibt es schwimmende Gärten?

Viele Niederländer leben auf Hausbooten, die entlang der vielen Kanäle des Landes vertäut sind. Sie bepflanzen die Dächer ihrer Boote und schaffen sich damit einen kleinen Garten.

## Wie hat man es selbst in der Wüste Gobi warm?

Der Winter in der nordasiatischen Wüste Gobi ist eiskalt. Hirten, die mit ihrer Familie durch die mongolische Wüste ziehen, leben in dickwandigen Filzzelten – den Jurten. Sie schützen vor der Kälte, aber auch vor der Hitze des Sommers.

# Wie leben die Menschen in der Wüste?

Um in der Wüste zu überleben, braucht man ausreichend Wasser- und Nahrungsvorräte. Manche Wüstenvölker gehen immer wieder auf Wanderschaft, um neue Quellen und Nahrung zu finden. Man nennt sie Nomaden.

● Das Volk der San in der Wüste Kalahari spürt gekonnt selbst kleine Wasseradern unter der Sandoberfläche auf. Mit einem Schilfrohr saugen diese Menschen das Wasser an die Oberfläche und bewahren es in der Schale eines Straußen-Eis auf.

# Wovon ernähren sich Nomaden?

Heute gehen nur noch wenige Nomadenvölker auf Jagd. Viele besitzen Viehherden und leben von Milch und Käse.

# Zum Nachtisch Ameise?

Um zu überleben stand auf dem Speisezettel der Aborigines, den Ureinwohnern der australischen Wüsten, alles, was ihnen die Natur bot – nämlich Kängurus, Eidechsen, Insekten oder Pflanzen. Süßes fand man selten. Honigtopfameisen waren daher ein besonderer Leckerbissen.

● Bringt der Regen die Wüste zum Blühen, ernähren sich die Honigtopfameisen vom süßen Nektar der Blumen. Der geblähte Hinterleib dient dabei als Vorratskammer und verwandelt die Tiere in lebende Honigtöpfe.

● Die Tuareg der Sahara sind Hirtennomaden. Die Gesichter der Männer sind traditionell mit einem Schleier verdeckt. Er schützt vor Sand und Staub.

● Nomaden bleiben an einem Ort, bis ihre Nahrungs- und Wasservorräte zur Neige gehen. Dann ziehen sie weiter.

# Warum gibt es in der Wüste Lehmhäuser?

Lehm ist ein gutes Baumaterial. Häuser mit dicken Mauern aus Lehm bleiben innen auch bei großer Hitze kühl. Sie sind jedoch warm, wenn es draußen frostig wird. Und Lehm ist billig zu haben – man muss nur danach graben.

● Zum Hausbau verwendet man entweder reine Lehmfladen oder Lehmziegel, in die Stroh und Tierhaar gemischt sind.

# Gibt es Städte in der Wüste?

Natürlich! Ein Nomadenleben wie früher führen heute nur noch wenige. Die Menschen sind in der Nähe von Oasen, an den Wüstenrändern oder in Flusstälern, wie dem Niltal, sesshaft geworden.

# Wer lebt in einem Haus aus Haar?

Das Zelt der Beduinen ist aus Ziegenhaar gewebt. Es ist luftdurchlässig bei Hitze und wird wasserdicht, wenn Regen darauf fällt. Viele Beduinen im Nahen Osten ziehen nicht mehr wie früher das ganze Jahr als Nomaden mit ihren Tierherden umher. Sie leben daher die meiste Zeit in einem Haus aus Holz, Lehm oder Stein.

● Die Zelte der nomadischen Beduinen des Nahen Ostens bestehen aus gewebtem Ziegenhaar.

# Gibt es Bilder in der Wüste?

In der südamerikanischen Nazca-Wüste scharrten Menschen vor über 1200 Jahren riesige Tierbilder und Muster in den steinigen Untergrund. Die kilometerlangen Figuren kann man nur aus der Luft oder von Hügeln aus betrachten. Die hellen Linien sehen aus wie Landebahnen für außerirdische Flugobjekte.

# Wer wohnt im Regenwald?

Viele unterschiedliche Völker leben in den Regenwäldern der Erde. Meist wohnen die Menschen auf Lichtungen, wo sie kleine Felder anlegen. Der Waldboden hat jedoch nicht viele Nährstoffe und die jährlichen Ernten laugen ihn aus. Nach einigen Monaten oder auch erst nach Jahren zieht ein Volk weiter zur nächsten Lichtung.

● Die Bewohner des Regenwaldes erhalten von ihm alles, was sie brauchen: Nahrung, Kleidung und Medizin.

● Die Yanomami siedeln im Nordwesten des Amazonas-Regenwaldes. Mehrere Familien leben zusammen in einer großen Rundhütte, dem Shabono.

# Gibt es auch im Dschungel Schulen?

Nur wenige Kinder im Dschungel gehen zur Schule. Stattdessen lernen sie, wie man im Regenwald überlebt. Sie gehen mit auf die Jagd und erfahren, welche Pflanzen essbar oder als Heilmittel nützlich sind.

# Wer lebt in den Wäldern des Nordens?

Die Nadelwälder im Norden Amerikas, Europas und Asiens sind die Heimat vieler Volksstämme. In Kanada leben zum Beispiel Indianer vom Stamm der Woodland Cree mitten im Wald.

● Im Norden Skandinaviens leben die Samen vom Fischfang, der Jagd und ihren Rentierherden.

## Leben noch heute Menschen in Höhlen?

Aber ja! Sie bewohnen entweder natürliche Höhlen oder Hohlräume, die sie selbst aus dem Felsen gehauen haben. In der Provinz Shanxi in China leben noch heute Millionen von Menschen in Höhlen. Manche Bewohner haben sogar einen Garten über ihrem Kopf.

● Im Sommer ist es in der australischen Stadt Coober Pedy („Weißer Mann im Loch") so unerträglich heiß, dass fast alle Wohnungen im kühlen Untergrund liegen. In der Hauptstadt des Opal-Bergbaus leben etwa 2 500 Menschen.

## In welcher Höhle wird Sport getrieben?

In der Gjøvik-Höhle in Norwegen! Sie wurde aus dem Berg gesprengt, um ein unterirdisches Eisstadion zu erbauen. Während der Winterolympiade von 1994 fanden darin Eishockey-Spiele statt. Mit 91 Metern Länge und 61 Metern Breite ist sie eine der größten künstlichen Höhlen.

● Auch der Ort Saumur im französischen Loiretal ist wegen seiner Wohnhöhlen berühmt. Sie wurden im 18. Jahrhundert von Steinmetzen in den Fels geschlagen, die das Gestein zum Bau der herrlichen Schlösser im Tal benötigten.

## Warum wird Käse in Höhlen gelagert?

Höhlen sind ideal, um eine der köstlichsten Käsesorten Frankreichs – den Roquefort – herzustellen. Er wird aus Schafsmilch gemacht. Den besonderen Geschmack verleiht ihm der Blauschimmel, der sich durch den Käse zieht. Das sind Pilzkulturen, die aus Sporen heranwachsen, die in die Schafsmilch gegeben werden. Der junge Käse wird in weit verzweigten Höhlengängen gelagert. Dort haben die Sporen das beste Klima, um zu einer Pilzkultur zu reifen.

● Das Höhlenklima ist auch für den Anbau von vielen Speisepilzen und die Weinlagerung ideal.

# Das Weltall

# Was ist das Weltall?

Alle Sterne und Planeten, die Erde mit ihren Pflanzen und Tieren, du und ich, die ganze Welt und alles, was sie umgibt, nennt man Weltall.

- Du bestehst aus demselben Material wie die Sterne.

- Es gibt große Sternenfamilien im Weltall. Man nennt sie Galaxien.

- Das Weltall entstand mit einer großen Explosion, dem Urknall. Seitdem dehnt es sich in alle Richtungen aus. Aus großen Gaswolken bildeten sich die Galaxien.

- Noch heute entfernen sich die Galaxien voneinander, und das Weltall wird immer größer.

# Wann entstand das Weltall?

Viele Astronomen glauben, dass das Weltall zuerst ein kleiner, dicht gepackter und heißer Klumpen war. Vor etwa 15 Milliarden Jahren begann es sich nach einer gigantischen Explosion, dem Urknall, auszudehnen.

- Bläst man einen gepunkteten Ballon auf, so entfernen sich die Punkte voneinander. Dasselbe tun die Galaxien im Weltall.

# Gibt es ein Ende des Weltalls?

Einige Astronomen nehmen an, dass sich das Weltall immer weiter ausdehnt und die Entfernungen zwischen den Galaxien immer größer werden. Andere glauben, dass das All später wieder in sich zusammenstürzen wird. Die Galaxien werden dann mit großer Wucht zusammenprallen.

● Astronomen sind Wissenschaftler, die Sterne und Planeten erforschen.

● Niemand weiß, woher das ganze Material für die Sterne kam.

# Wie schnell fliegen Raketen ins Weltall?

Raketen müssen, wenn sie das Weltall erreichen sollen, schneller als 11 Kilometer pro Sekunde fliegen. Das sind 40 000 Kilometer pro Stunde! Die meisten Autos fahren 120 Kilometer in der Stunde. Wäre die Rakete langsamer, so könnte sie nicht der enorm starken Anziehungskraft der Erde entfliehen.

Saturn V

● Die größte Rakete aller Zeiten war die Saturn V. Sie brachte das Raumschiff Apollo 11 ins Weltall und die ersten Menschen zum Mond.

Space Shuttle-Raumfähre

Ariane 4

● Raketen bestehen aus zwei oder drei Stufen. Jede dieser Stufen ist ein riesiger Treibstofftank mit Triebwerk. Wenn der Treibstoff verbraucht ist, fällt die Stufe ab.

- Am oberen Ende der Rakete befindet sich die Nutzlast – ein Satellit, eine Raumsonde oder ein bemanntes Raumschiff.

## Wozu braucht man Raketen?

Raketen werden vor allem gebraucht, um Satelliten auf ihre Bahn um die Erde zu bringen. Es gibt Satelliten für sehr unterschiedliche Aufgaben.

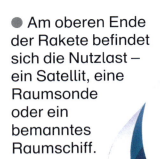

- Satelliten können von einem Land eingesetzt werden, um Geheimnisse über ein anderes Land zu erkunden.

- Fernmeldesatelliten übertragen Fernsehsendungen und Telefongespräche in andere Länder und Kontinente.

- Navigationssatelliten helfen Schiffen und Flugzeugen, ihren Weg zu finden.

- Mit Hilfe von Satellitenaufnahmen können Wissenschaftler die Erde und ihren Aufbau erforschen.

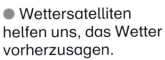

- Wettersatelliten helfen uns, das Wetter vorherzusagen.

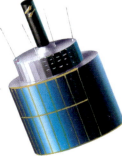

139

## Was ist die Milchstraße?

Die Milchstraße ist die Galaxie, in der wir leben. Sie besteht aus allen Sternen, die du nachts am Himmel siehst, und noch viel mehr Sternen, die du nicht sehen kannst.

● Die Milchstraße ist eine Spiralgalaxie. Sie sieht von oben wie ein großes Feuerrad mit Spiralen aus.

● Von der Seite gesehen sieht eine Spiralgalaxie wie zwei zusammengeklebte Spiegeleier aus.

● Die Milchstraße kam zu ihrem Namen, weil wir Teile von ihr nachts wie ein Band aus weißem, milchigem Licht am Himmel sehen.

● Wir leben auf dem Planeten Erde, der einen Stern umkreist, den wir Sonne nennen.

● Normalerweise tragen die Galaxien Nummern. Nur einige haben Namen, die an ihr Aussehen erinnern. So gibt es eine Sombrerogalaxie und eine Whirlpoolgalaxie.

● Das sind die drei wichtigsten Galaxientypen:

Irreguläre Galaxie (ohne bestimmte Form)

Elliptische Galaxie (eiförmig)

Spiralgalaxie

## Wie viele Sterne gibt es?

In der Milchstraße gibt es rund 1 000 Milliarden Sterne. Auf jeden Menschen, der auf der Erde lebt, kommen also 200 Sterne!

Die Astronomen haben erforscht, wie groß das Weltall ungefähr ist und wie viele Sterne es hat. Es gibt etwa 100 Milliarden Galaxien. Jede von ihnen hat mindestens 1 Milliarde Sterne. Niemand kann sich so viele Sterne vorstellen, niemand kann sie zählen.

# Woraus bestehen Sterne?

Sterne sind nicht fest wie der Boden unter deinen Füßen. Sie bestehen aus heißen Gasen. Die beiden wichtigsten dieser Gase heißen Wasserstoff und Helium. Sie bilden den Brennstoff, mit dem die Sterne Licht und Wärme erzeugen.

● Manchmal werden riesige Flammenzungen aus einem Stern herausgeschleudert. Man nennt sie Protuberanzen.

● Schon vor langer Zeit haben die Menschen die Sterne zu Figuren zusammengefasst, die man Sternenbilder nennt.

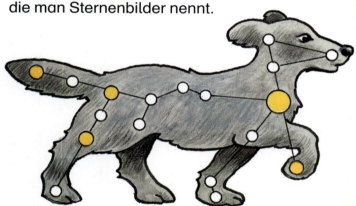

● Der hellste Stern des Nachthimmels heißt Sirius. Man nennt ihn auch den Hundsstern. Er ist doppelt so groß wie die Sonne, aber leuchtet mehr als zwanzigmal heller als diese.

# Warum funkeln Sterne?

Sterne funkeln nur, wenn wir sie von der Erde aus beobachten. Im Weltall haben sie ein ruhiges, gleichmäßiges Licht. Wir sehen sie aber flimmern und flackern, weil wir von Luft umgeben sind. Das Sternenlicht, das auf uns zukommt, wird durch warme und kalte Luftblasen gebrochen und hin- und herbewegt.

● Licht wird gebrochen, wenn es durch verschiedene Stoffe hindurchläuft. Wenn du zum Beispiel einen Strohhalm in ein Glas Wasser steckst, scheint er einen Knick zu haben, weil er halb in der Luft und halb im Wasser ist.

# Haben Sterne Zacken?

Nein, Sterne sind rund wie Bälle. Wir stellen sie nur mit Zacken dar, weil ihr Licht wegen der unruhigen Luft von der Erde aus gesehen flimmert.

# Wie viele Planeten gibt es?

Unser Planet Erde hat acht Nachbarn. Zusammen sind es also neun Planeten, die um die Sonne kreisen. Die Sonne und alle Himmelskörper, die sie begleiten, bilden das Sonnensystem.

Außer der Sonne und den Planeten gibt es in ihm noch die Monde, Kleinplaneten oder Asterioden und Kometen.

● Kometen ähneln riesigen schmutzigen Schneebällen. Die meisten von ihnen halten sich in den äußeren Bereichen des Sonnensystems auf, aber einige nähern sich der Sonne. Diese Kometen entwickeln Millionen Kilometer lange Gas- und Staubschweife, wenn sie von der Sonne erhitzt werden.

● Das Wort Planet kommt aus dem Griechischen und bedeutet „Wanderer".

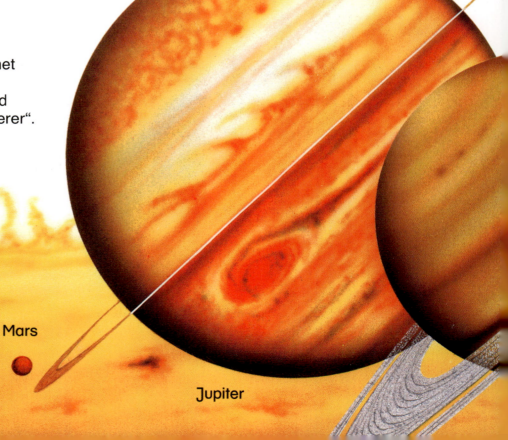

Merkur  Venus  Erde  Mars  Jupiter

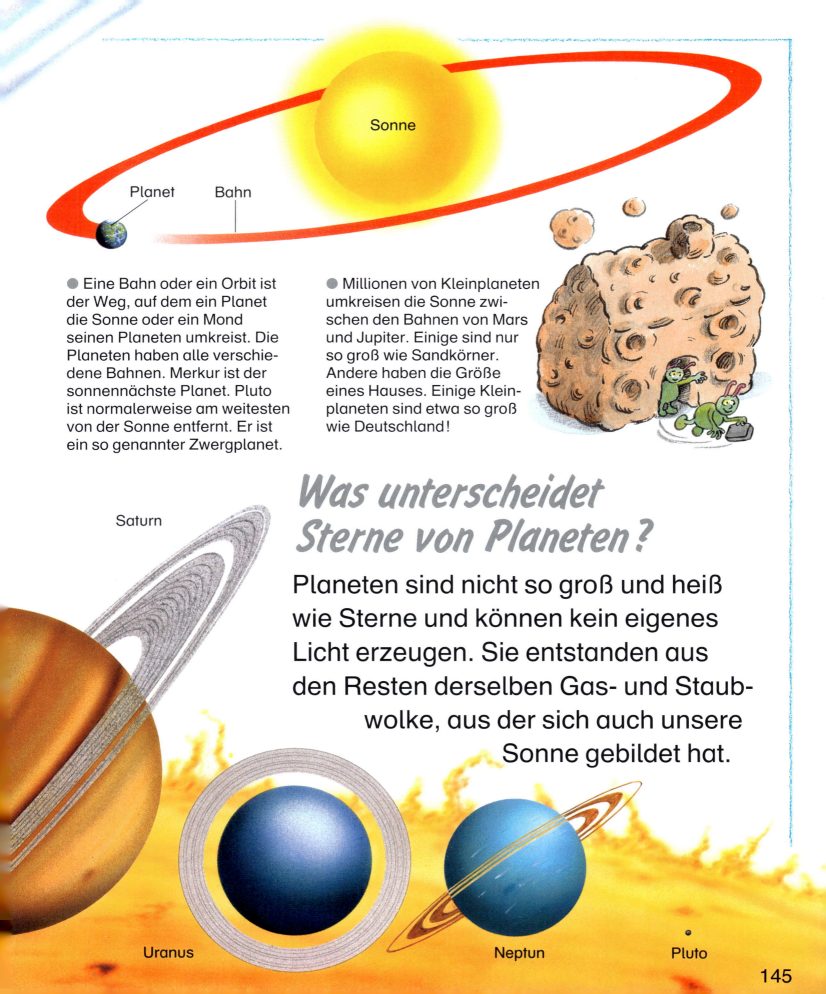

- Eine Bahn oder ein Orbit ist der Weg, auf dem ein Planet die Sonne oder ein Mond seinen Planeten umkreist. Die Planeten haben alle verschiedene Bahnen. Merkur ist der sonnennächste Planet. Pluto ist normalerweise am weitesten von der Sonne entfernt. Er ist ein so genannter Zwergplanet.

- Millionen von Kleinplaneten umkreisen die Sonne zwischen den Bahnen von Mars und Jupiter. Einige sind nur so groß wie Sandkörner. Andere haben die Größe eines Hauses. Einige Kleinplaneten sind etwa so groß wie Deutschland!

## Was unterscheidet Sterne von Planeten?

Planeten sind nicht so groß und heiß wie Sterne und können kein eigenes Licht erzeugen. Sie entstanden aus den Resten derselben Gas- und Staubwolke, aus der sich auch unsere Sonne gebildet hat.

145

# ? Warum ist die Erde ein besonderer Planet?

Die Erde hat als einziger Planet flüssiges Wasser und Leben. Damit ist sie einzigartig. Von der Sonne aus gezählt, ist sie der dritte Planet und erhält genau die richtige Menge an Licht und Wärme, die für das Leben nötig ist. Stünde sie der Sonne nur etwas näher, so wäre es bei uns zu heiß. Wäre sie etwas weiter entfernt, so wäre es zu kalt.

- Wenn die Sonne zum Roten Riesen wird, verschlingt sie den innersten Planeten Merkur. Sie ist dann so groß, dass sie bei uns den halben Himmel bedeckt.

- Wenn man einen Globus im Licht einer Taschenlampe dreht, sieht man, wie Tag und Nacht zu Stande kommen.

- Alle Planeten drehen sich um sich selbst.

## Warum verschwindet die Sonne in der Nacht?

Es wird nachts dunkel, weil sich die Erde auf ihrer Bahn um die Sonne um sich selbst dreht. Wenn sich unser Land von der Sonne wegdreht, bekommt es kein Licht mehr und die Nacht beginnt. Eine Erdumdrehung dauert einen Tag und eine Nacht.

- Man nimmt zwar an, dass Millionen von Sternen Planetensysteme haben. Die Astronomen haben aber noch nie ein anderes Sonnensystem gefunden.

# Wie heiß ist die Sonne?

Wie alle Sterne ist unsere Sonne ein sehr heißer Gasball. Am wärmsten ist es in ihrem Zentrum. Dort beträgt die Temperatur rund 15 Millionen Grad Celsius. Die Oberfläche der Sonne ist viel kühler als das Zentrum, aber immer noch 6 000 Grad Celsius heiß. Das ist immerhin 25-mal wärmer als der heißeste Küchenherd!

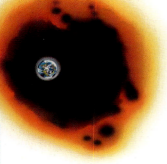

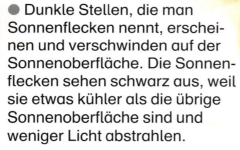

● Dunkle Stellen, die man Sonnenflecken nennt, erscheinen und verschwinden auf der Sonnenoberfläche. Die Sonnenflecken sehen schwarz aus, weil sie etwas kühler als die übrige Sonnenoberfläche sind und weniger Licht abstrahlen.

● Viele Sonnenflecken sind größer als die Erde.

● Tiere und Pflanzen könnten nicht ohne das Sonnenlicht leben.

● Die Sonne ist der einzige Stern, der so nahe ist, dass wir seine Wärme spüren können. Der zweitnächste Stern heißt Proxima Centauri. Das Sonnenlicht erreicht uns in 8,3 Minuten, das Licht von Proxima Centauri erst nach 4,3 Jahren!

● Die Sonne verbraucht in jeder Sekunde mehr Brennstoff, als 30 Millionen Lastwagen transportieren können!

## Wird die Sonne einmal verlöschen?

Eines fernen Tages wird die Sonne ihren Brennstoff verbraucht haben und sterben. Aber das wird nicht zu deinen Lebzeiten geschehen. Auch deine Kinder und Ur-Ur-Urenkel werden den Tod der Sonne nicht erleben. Die Astronomen nehmen an, dass die Sonne noch für 5 Milliarden Jahre Brennstoff hat.

# Unsere Erde

# Ist die Erde rund?

Wenn du als Astronaut durchs Weltall fliegen würdest, sähe die Erde wie ein riesiger Ball aus. Doch sie ist nicht völlig rund. Wie ein Ball, der ein wenig zusammengedrückt wird, ist sie oben und unten etwas flacher und wölbt sich in der Mitte ein bisschen nach außen.

● Die Erde misst um ihren „Bauch" – den Äquator – 40 075 Kilometer. Wenn du Tag und Nacht wandern würdest, bräuchtest du ein ganzes Jahr, um diese Strecke zurückzulegen!

● Vom Weltall aus sieht die Erde blau aus. Das liegt daran, dass mehr als zwei Drittel der Erde von Meeren bedeckt sind.

Die Erdkruste ist die Gesteinsschicht unter deinen Füßen. Sie bildet eine feste Haut um die Erde.

Der Erdmantel ist eine dicke Schichte aus Gestein. Es ist so heiß, dass es zum Teil geschmolzen ist.

Der Erdkern besteht aus Metall. Der äußere Kern ist glutheiß und flüssig, doch der innere Kern ist fest.

Äußerer Erdkern

Innerer Erdkern

● Im Innern der Erde ist es sehr heiß – über 5000 Grad Celsius. Das ist etwa 150-mal heißer als ein glühend heißer Sommertag!

## Woraus besteht die Erde?

Die Erde besteht aus mehreren Schichten Gestein und Metall. Einige Schichten sind fest, doch andere sind so heiß, dass sie geschmolzen und flüssig sind – etwa so wie heißer klebriger Karamell.

● Die Erdkruste hört an der Küste nicht auf. Sie geht auch unter den tiefsten Meeren weiter.

# Wie hoch ist der Himmel?

Der Himmel gehört zu einer unsichtbaren Lufthülle, die unsere Erde umgibt. Diese Hülle heißt Atmosphäre und reicht etwa 500 Kilometer in den Weltraum hinaus. Die Atmosphäre enthält ein sehr wichtiges Gas, den Sauerstoff – wir alle brauchen ihn zum Leben und atmen ihn mit der Luft ein.

● Die Erde ist der einzige Planet, von dem man weiß, dass er genug Sauerstoff für Lebewesen hat.

● Wenn es auf der Erde zu warm wird, könnte das Eis an den Polen schmelzen. Dann würden die Meere ansteigen und viele Küstenstädte versinken.

# Was ist der Treibhauseffekt?

Treibhauseffekt nennen Wissenschaftler das Problem, dass es auf unserer Erde immer wärmer wird. Abgase aus Fabriken, Kraftwerken und Autos sammeln sich in der Atmosphäre an und verhindern, dass die Sonnenwärme in das Weltall zurückgeht. Unser Planet wird langsam immer wärmer – wie ein Treibhaus im Sommer.

OZONSCHICHT

**3** Über den Flugzeugen beginnt die Ozonschicht. Sie wirkt wie ein Sunblocker, der uns vor den schädlichen Sonnenstrahlen schützt.

**2** Flugzeuge fliegen in der Schicht darunter, hoch über den Wolken, wo der Himmel klar ist. Die Luft ist hier dünner und enthält weniger Sauerstoff.

**1** Die Atmosphäre gliedert sich in mehrere Schichten. In der untersten trägt die Luft Wolken und Wetter um die Erde.

# ❓ Wie groß ist der Ozean?

Der Ozean ist wahrhaft RIESIG! Er bedeckt mehr als zwei Drittel der Erdoberfläche. Genau genommen gibt es vier Ozeane: den Pazifischen, den Atlantischen, den Indischen und den Arktischen (besser bekannt als Nordpolarmeer). Diese vier hängen zusammen und bilden gemeinsam das Weltmeer.

● Das Nordpolarmeer eignet sich nicht zum Baden. Es ist sehr kalt und den größten Teil des Jahres sogar mit Eis bedeckt.

# Welcher Ozean ist der größte?

Der Pazifik ist der bei weitem größte Ozean der Welt. Er ist größer als die übrigen drei zusammen, und er ist auch viel tiefer. Wenn man einen Globus betrachtet, sieht man, dass der Pazifik die halbe Erdkugel umspannt.

# Was ist der Unterschied zwischen einem Meer und einem Ozean?

Wenn wir die beiden Wörter verwenden, meinen wir damit dasselbe. Das ist auch in Ordnung. Aber für Wissenschaftler sind Meere immer nur Teile eines Ozeans, und zwar diejenigen, die besonders nahe am Festland liegen. Das Mittelmeer etwa liegt zwischen Europa und Afrika.

● Diese Wassertropfen zeigen die unterschiedliche Größe der Ozeane:

Pazifik

Atlantik

Indischer Ozean

Nordpolarmeer

157

# Warum ist Meerwasser salzig?

Meerwasser schmeckt salzig, weil es Salz enthält! Es ist das gleiche Salz wie das, mit dem man das Essen würzt. Das meiste stammt aus Gesteinen an Land: Regen wäscht es aus, und über die Flüsse gelangt es dann ins Meer.

● Das meiste Wasser auf der Erde ist salzig. Nur ein winziger Bruchteil ist Süßwasser, das man trinken kann.

● Ein Teil des Meersalzes, das wir kaufen können, kommt aus heißen Ländern wie z. B. Indien. Die Menschen dort bauen niedrige Dämme, hinter denen sich bei Flut das Meerwasser sammelt. Wenn das Wasser in der Sonne verdunstet, bleibt das Salz übrig.

● Einige Strände am Schwarzen Meer sind mit dunklem Schlamm bedeckt. Viele Leute legen sich hinein und klatschen ihn sich sogar ins Gesicht. Angeblich ist das gut für die Haut.

## Ist das Rote Meer wirklich rot?

Teile davon sehen tatsächlich rot aus. Im Sommer wachsen dort Millionen winziger roter Wasserpflanzen. Aber keine Sorge: Es färbt beim Baden nicht ab.

# Wie sieht es am Meeresboden aus?

Viele Leute denken, der Meeresboden ist glatt und flach, aber das stimmt nicht — zumindest nicht überall. Es gibt Berge und Täler, Hügel und Ebenen, ganz genauso wie an Land.

● 1963 brach in der Nähe von Island im Meer ein Vulkan aus. Heißes, flüssiges Gestein drang an die Wasseroberfläche und wurde hart. So entstand eine ganz neue Insel, die man auf den Namen Surtsey taufte.

● Entlang der Küste fällt das Land langsam ins Meer hinein ab. Dieser Bereich wird Kontinentalschelf genannt.

● Ebenen bedecken rund die Hälfte des Meeresbodens. Sie werden abyssale Ebenen genannt.

● Der Mittelatlantische Rücken ist eine lange untermeerische Gebirgskette im Atlantischen Ozean.

# Gibt es Berge auf dem Meeresgrund?

Ja, sehr viele sogar — und alle sind Vulkane! Jemand hat einmal 10 000 gezählt, aber es könnten auch doppelt so viele sein. Die korrekte Bezeichnung lautet Tiefseekuppen. Manche sind so hoch, dass sie aus dem Meer ragen und Inseln bilden.

● Auch im Meer gibt es Erdbeben, genau wie an Land. Mehr als eine Million Mal im Jahr bebt der Meeresboden. Aber die meisten Seebeben finden so tief unten statt, dass wir nichts davon mitbekommen.

● Ein Graben ist ein tiefes Tal im Meeresboden.

● Eine Tiefseekuppe ist ein Unterwasservulkan. Während du dies liest, bricht irgendwo auf der Welt gerade einer aus!

# Wo liegt der höchste Berg der Welt?

Der Mount Everest ist der höchste Berg der Erde. Er befindet sich im Himalaya, einem weiten Gebirge in Zentralasien, und erhebt sich 8 848 Meter hoch über den Meeresspiegel.

● Vom Meeresspiegel aus gemessen, ist der Mauna Kea auf Hawaii nur 4 205 Meter hoch. Doch da er vom Meeresboden aus gewachsen ist, beträgt seine gesamte Höhe 10 203 Meter. So gesehen ist der Mauna Kea höher als der Mount Everest.

● Die Anden in Südamerika sind mit rund 7 200 Kilometern Länge die längste an Land gelegene Gebirgskette der Erde.

**1** Mt. McKinley 6 194 m
**2** Mt. Logan 5 951 m
**3** Mt. Whitney 4 418 m
**4** Popocatepetl 5 452 m
**5** Cotopaxi 5 897 m
**6** Aconcagua 6 959 m
**7** Kilimandscharo 5 895 m

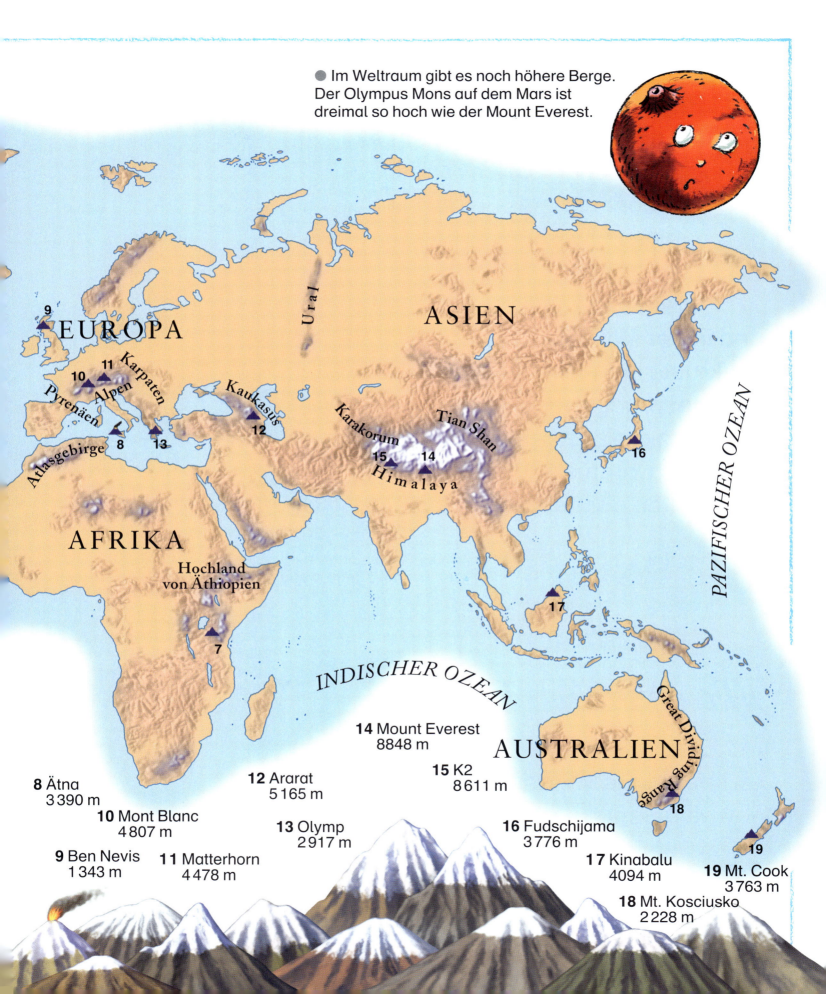

# Bewegen sich Berge?

Aber klar! Die Erde gleicht ein bisschen einem runden Riesenei. Außen hat sie eine Schale, die man Kruste nennt. Unter ihr liegt der so genannte Erdmantel und in der Mitte der Erdkern. Die Erdkruste sieht ein bisschen aus wie eine gesprungene Eierschale und besteht aus etwa dreißig Teilen, die man Erdplatten nennt. Diese schwimmen sehr langsam auf dem Erdmantel, der teils zähflüssig ist wie Sirup.

● Die Platten, auf denen Nordamerika und Europa liegen, driften pro Jahr rund vier Zentimeter auseinander.

● Vulkane sind Öffnungen in der Erdkruste, die heiße Asche, Gase und glühendes, flüssiges Gestein, die Lava, ausstoßen. Die meisten Vulkanberge bilden sich aus Lava und Asche, die beim Abkühlen zu festem Gestein erstarren.

# Wie entstehen Berge?

Die Erdplatten bewegen sich zwar unvorstellbar langsam, dennoch sind ihre Kräfte gewaltig genug, um Berge zu formen. Je nachdem, wie sich die Platten verschieben, entstehen Vulkangebirge, Blockgebirge und Faltengebirge.

# Warum haben manche Berge gezackte Gipfel?

Bereits während sich ein Berg bildet, beginnen Wind, Eis und Wasser ihn langsam abzutragen und kerben die Gipfel zu scharfen Zacken aus. Diese Abtragung nennt man Erosion.

● Der Wind trägt grobe und feine Sandkörner mit sich, die wie Schmirgelpapier wirken und das Gestein langsam abschleifen.

● Blockgebirge bilden sich, wenn ein Teil der Erdkruste zwischen zwei Brüchen, Schollenbrüche genannt, nach oben gepresst wird.

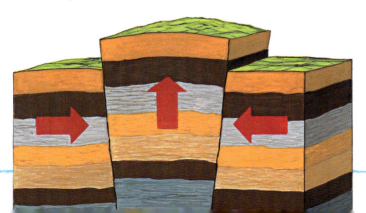

● Faltengebirge bilden sich, wenn sich zwei Platten langsam ineinander schieben und die Erdkruste wellenförmig auffalten.

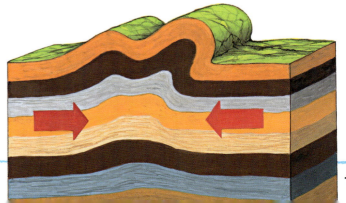

# ? Welche Berge werden zu Inseln?

Überall in den Weltmeeren liegen winzige Inseln. Die meisten sind durch Vulkane entstanden, die vom Meeresboden aus bis über die Wasseroberfläche wachsen.

● Der Marianengraben im Pazifischen Ozean ist mit einer Tiefe von 11 033 Metern unter dem Meeresspiegel der tiefste Punkt der Erde.

● Die längste Gebirgskette der Erde liegt fast vollständig unter Wasser. Sie trägt den Namen Mittelatlantischer Rücken und erstreckt sich über rund 16 000 Kilometer von Island bis fast zur Antarktis.

## Können Berge sinken?

Ja. Ein Atoll ist eine ringförmige Insel, die sich um den Rand eines versunkenen Vulkans gebildet hat. Das Atoll besteht aus Kalkstein, der von winzigen Meerestieren gebildet wird, den so genannten Korallenpolypen.

Lagune — Korallenatoll

● Die Wasserfläche, die von einem Korallenatoll umgeben ist, nennt man Lagune.

## Was sind Schwarze Raucher?

Schwarze Raucher sind seltsame Schlote auf dem Meeresgrund, die dampfige, schwarze Wolken aus kochend heißem Wasser ausstoßen. In ihrer Umgebung tummeln sich allerlei eigentümliche, wunderschöne Tiere.

## Was ist eine Wüste?

Keine Gegend auf der Erde ist so trocken wie die Wüste. Dort regnet es in einem Jahr oft weniger als bei uns in einem Monat. In manchen Teilen der Sahara fällt zwanzig Jahre lang kein Regentropfen.

● Über die ausgedörrten Trockenwüsten fegen die heftigsten Winde dieser Erde.

## Sind Wüsten immer heiß?

Viele Wüsten sind tagsüber so heiß, dass man dort mühelos Spiegeleier zubereiten könnte. Das gilt nicht für jede Wüste: In manchen gehen glutheiße Sommer in eiskalte Winter über; in anderen herrscht jahraus jahrein ein klirrend kaltes Klima.

● Selbst in einer heißen Wüste ist ein Pullover im Gepäck ratsam. Denn auch Tagestemperaturen von über 40 Grad Celsius fallen nachts manchmal bis unter die Frostgrenze.

● Nicht selten prasselt in der Wüste der gesamte Niederschlag eines Jahres in einem einzigen Wolkenbruch herunter.

● Auch in einer Sandwüste trifft man hin und wieder auf große Felsbrocken. Sie sind in den heißesten Stunden des Tages willkommene Schattenspender für alle, die Schutz vor der sengenden Sonne suchen.

## Sind Wüsten immer sandig?

Nein – es gibt auch Kieswüsten, Felswüsten und sogar Eiswüsten, wie die Landschaften der Arktis und Antarktis. Dort sind Regen und Sonnenschein Mangelware.

● Charakteristisch für bestimmte Wüsten ist das rissige Oberflächenmuster der steinharten Salzpfannen.

# Wo liegt die größte Wüste auf der Welt?

Die Sahara in Nordafrika ist die größte Wüste der Erde. Sie entspricht etwa der Fläche Europas.

● Etwa ein Fünftel der Landfläche weltweit ist Wüstengebiet.

**Kartenerklärung**

- Trockenwüsten fast ohne Niederschlag
- Wüsten mit spärlichem Pflanzenwuchs
- Halbwüsten mit Büschen und Sträuchern

● Das Tal des Todes, ein tiefer Graben in der Mojave-Wüste, liegt 86 Meter unter dem Meeresspiegel und ist damit der tiefste Ort der USA.

● Kein Ort auf der Erde ist trockener als die Atacama-Wüste in Südamerika. In Teilen der Wüste fiel zwischen 1570 und 1971 kein einziger Regentropfen – genau 401 Jahre lang!

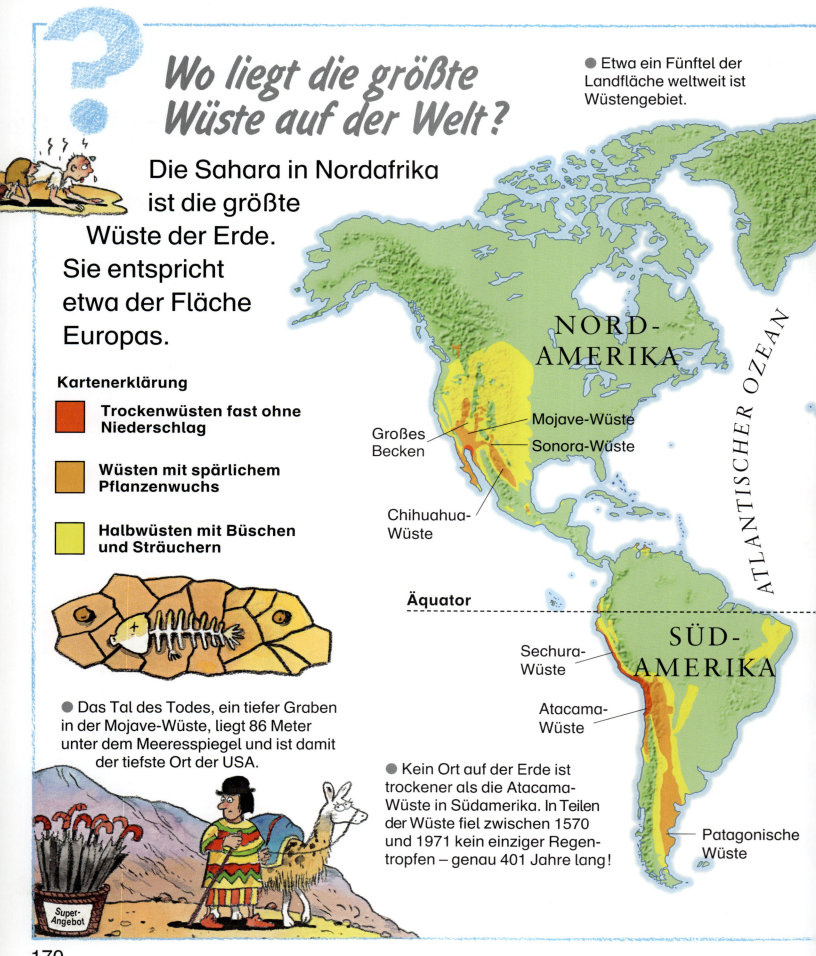

NORD-AMERIKA — Großes Becken, Mojave-Wüste, Sonora-Wüste, Chihuahua-Wüste

ATLANTISCHER OZEAN

Äquator

SÜD-AMERIKA — Sechura-Wüste, Atacama-Wüste, Patagonische Wüste

170

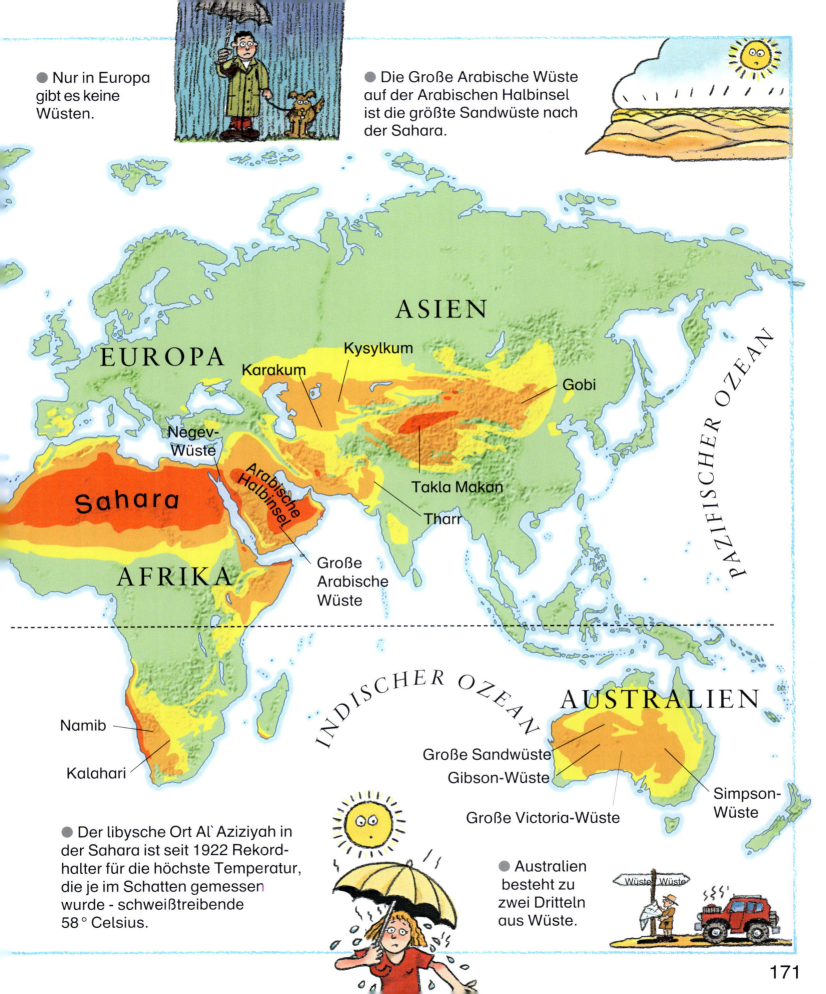

## Wie kommt der Sand in die Wüste?

Sandwüsten werden vom Wind geschaffen. Er bläst stetig gegen die Felsen und lässt sie verwittern. Unendlich langsam zerbricht das Gestein in Brocken, die – nach weiteren Jahrtausenden – in winzige Sandkörnchen zerbröseln.

● Kräftige Wüstenwinde wirbeln oft riesige Sandwolken auf. Sie fegen mit solcher Wucht über das Land, dass sie den Lack eines Autos mühelos sandstrahlen.

## Wie hoch können Sanddünen werden?

Sanddünen in der Wüste gibt es in allen Größen, vom Ausmaß eines Kamelhöckers bis hin zum steilen Hügel. Die höchsten Dünen erheben sich auf über 300 Meter – das ist mehr als doppelt so hoch wie die größte Pyramide Ägyptens!

# Wo „wachsen" diese Pilzfelsen?

Ganz klar – in einer Wüste! Die Kraft des Windes formt aus dem Gestein über Jahrtausende hinweg wunderschöne, bizarre Gebilde.

● Bei Sonnenaufgang und Sonnenuntergang leuchten die unterschiedlichen Gesteinsschichten der Painted Desert – der „angemalten Wüste" – in Arizona in allen Farben des Regenbogens – in Blau und Violett, Goldgelb, Braun und Rot.

● Gerät der Dünensand in Bewegung, gibt er manchmal seltsam dröhnende oder singende Laute von sich – einfach gespenstisch!

● Manche Sanddünen haben die Form eines Halbmondes

● ...während andere wie ein Stern aussehen.

● Eine S-förmige Sanddüne nennt man „Seif", nach dem arabischen Wort für „Schwert".

## Gibt es wertvolle Schätze in der Wüste?

Ja – in der Wüste hat man schon Gold, Silber und sogar Diamanten entdeckt. Eine der weltweit größten Diamantenminen liegt in der Wüste Kalahari.

## Was ist Schwarzes Gold?

Erdöl wird als „Schwarzes Gold" bezeichnet, weil es einer der wertvollsten Bodenschätze der Erde ist. Die Entdeckung einer Erdölquelle hat Landbesitzern und ganzen Nationen großen Wohlstand gebracht.

● Salz war einst so kostbar wie Gold, und tief in der Sahara gab es viele Salzminen.

● Eine riesige Menge des weltweiten Rohölaufkommens wird durch Bohrungen tief unter den arabischen Wüsten erschlossen.

174

## Wie liefert die Wüste umweltfreundliche Energie?

In Solarkraftwerken werden Sonnenstrahlen in Strom umgewandelt. Sie sind umweltfreundlicher als Kraftwerke, die Erdöl oder Kohle verbrennen, zumal ihnen die sonnigen Wüsten ideale Bedingungen bieten.

● Wertvolles muss nicht immer schimmern und funkeln. Amerikanische Archäologen fanden in der Wüste Gobi 1923 erstmals fossile Dinosaurier-Eier. Der seltene Fund wurde später für viele tausend Dollar verkauft.

● Das größte Sonnenkraftwerk der Welt steht in der Mojave-Wüste in den USA.

# Was ist eine Höhle?

Eine Höhle ist ein natürlicher unterirdischer Spalt oder Hohlraum, der so groß ist, dass ihn ein Tier oder ein Mensch betreten kann. Manche Höhlen bestehen nur aus einer einzigen Kammer. Bei anderen sind mehrere Kammern in einem Höhlensystem verbunden.

# Welche Kammer ist die größte?

Den Rekord hält die Sarawak-Kammer in der Good-Luck-Höhle auf der Insel Borneo. Die Kammer ist ungefähr 600 Meter lang, 415 Meter breit und 100 Meter hoch.

● 2080 Höhenmeter überwanden Forscher bisher auf ihrer Entdeckungsreise in die tiefste aller Höhlen, die Voronja- oder Krubera-Höhle im Kaukasus.

# Wo liegt das längste unterirdische Labyrinth?

Das weitläufigste Höhlensystem, das uns heute bekannt ist, ist die Mammut-Höhle im US-Bundesstaat Kentucky. Bisher wurden dort Tunnel und Gänge von etwa 570 Kilometern Länge vermessen. Man nimmt an, dass noch hunderte Kilometer unerforscht sind.

● In der Sarawak-Kammer der Good-Luck-Höhle könnte man bequem 40 Flugzeuge parken.

# Wie entstehen Höhlen?

Die meisten Höhlen entstehen in Kalkgestein. Dort löst Regenwasser den Stein stellenweise auf und spült ihn fort. Regen, der auf die Erde fällt, enthält kleine Mengen Kohlendioxid. Dadurch ist er leicht säurehaltig, ähnlich wie Mineralwasser mit Kohlensäure. Versickert das Regenwasser durch kleine Spalten und Risse, höhlt es das Gestein aus. Unter der Erdoberfläche bilden sich Kammern und Gänge.

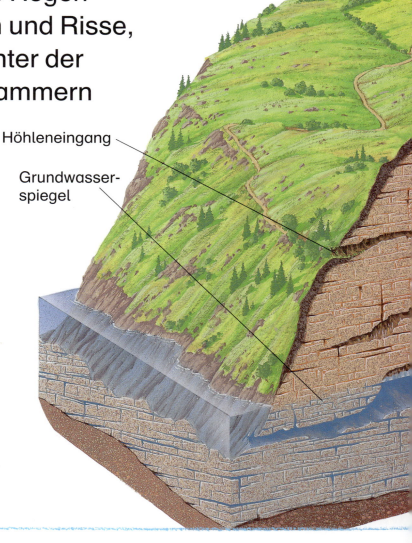

- Etwa 13 Prozent des Regenwassers versickern tief im Erdreich.

- In weitläufigen Höhlensystemen kann man auf Bäche und Flüsse stoßen, manchmal sogar auf Seen und Wasserfälle.

Höhleneingang

Grundwasserspiegel

- Sand und Geröll werden von einem Höhlenbach mitgerissen. Sie prallen gegen die Wände und tragen dort weiteres Gestein ab. Dadurch wird die Höhle allmählich breiter.

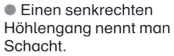
● Einen senkrechten Höhlengang nennt man Schacht.

● Bricht eine Höhlendecke ein, entsteht an der Oberfläche unter Umständen eine trichterförmige Vertiefung oder Doline.

● Ein großer waagrechter Hohlraum heißt Halle, Stollen oder Galerie.

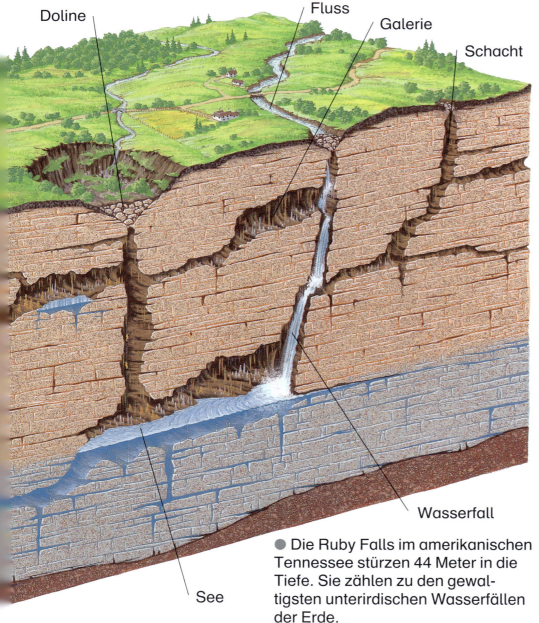

Doline — Fluss — Galerie — Schacht — Wasserfall — See

● Die Ruby Falls im amerikanischen Tennessee stürzen 44 Meter in die Tiefe. Sie zählen zu den gewaltigsten unterirdischen Wasserfällen der Erde.

# Was sind Stalaktiten und Stalagmiten?

Stalaktiten und Stalagmiten sind Tropfsteine, die man in manchen Kalksteinhöhlen bewundern kann. Sie haben beide etwa die Form einer Karotte. Die etwas schmaleren Stalaktiten hängen von der Höhlendecke, während Stalagmiten vom Boden zur Decke wachsen.

● Hin und wieder nähern sich Stalaktiten und Stalagmiten an und bilden eine Säule. Eine der höchsten Tropfsteinsäulen befindet sich in Spanien, in der Höhle von Nerja. Sie misst mehr als 32 Meter!

# Warum hängen Stalaktiten von der Decke?

Wenn säurehaltiges Wasser durch Kalkgestein sickert, wäscht es dort winzige Mengen des Minerals Kalzit heraus. Hängen diese Tropfen an einer Höhlendecke, verdunstet ein Teil des Wassers und das Kalzit lagert sich an. So wächst über Jahrtausende der Stalaktit.

Stalagmit

Stalaktit

• Stalaktiten werden oft nicht so groß wie Stalagmiten, da sie von der Höhlendecke stürzen, wenn sie zu schwer werden.

# Kann man in Höhlen über Spiegeleier stolpern?

Aber sicher! Tropfsteinsäulen sind nicht die einzigen Wunderwerke, die Höhlen zu bieten haben. Mineralische Ablagerungen (Sinter) wachsen hier zu merkwürdigen Figuren in allen möglichen Farben. In den Kalksteinhöhlen von Luray im US-Bundesstaat Virginia gibt es Gebilde, die aussehen wie Spiegeleier!

Säule

Sinterterrasse

• Sinterterrassen erinnern an einen versteinerten Wasserfall.

• Perlsinter erreicht die Größe eines Tischtennisballs.

Perlsinter

• Sinterröhrchen sind innen hohl und sehen aus wie Strohhalme. Aus ihnen entwickeln sich Stalaktiten.

181

## Was ist ein Wald?

Ein Wald ist ein großes Gebiet, das dicht mit Bäumen bewachsen ist. Im Wald leben Tiere wie Insekten, Vögel, Füchse und Wildschweine. Im Unterholz gedeihen kleinere Pflanzen wie Sträucher, Blumen, Farne und Moose.

● Eine einzige Eiche kann bis zu 400 Tierarten beherbergen, zum Beispiel Insekten, Spinnen, Vögel und Eichhörnchen.

● 400 Bäume stellen genug Sauerstoff her, um mindestens 20 Menschen mit Atemluft zu versorgen.

## Wieso können wir im Wald tief Luft holen?

Genau wie die Tiere atmen auch Menschen Sauerstoff ein und Kohlendioxid aus. Den Bäumen verdanken wir Atemluft, da sie umgekehrt Kohlendioxid aufnehmen und große Mengen Sauerstoff abgeben.

## Wo stehen die höchsten Baumriesen?

Die Küsten-Mammutbäume in Kalifornien sind die größten Pflanzen der Welt. Sie erreichen eine Höhe von mehr als 75 Metern. Damit überragen sie sogar ein 30-stöckiges Gebäude!

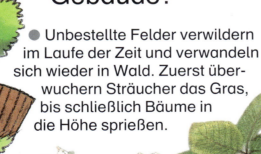

● Unbestellte Felder verwildern im Laufe der Zeit und verwandeln sich wieder in Wald. Zuerst überwuchern Sträucher das Gras, bis schließlich Bäume in die Höhe sprießen.

# Wo ist der größte Wald?

Im Norden Asiens, Europas und Nordamerikas gibt es gewaltige Nadelbaumwälder. Der größte Wald wächst auf dem Gebiet Russlands. Er macht ein Fünftel der gesamten Waldfläche der Erde aus.

● Etwa ein Drittel der Landmasse unserer Erde ist von Wäldern bedeckt.

NORDAMERIKA

● Den weltweit größten zusammenhängenden Regenwald gibt es im Amazonasbecken. Er bedeckt auf mehr als fünf Millionen Quadratkilometern zwei Drittel von Südamerika.

SÜDAMERIKA

Tropische Regenwälder – überwiegend Laubbäume in ganzjährig warmem, feuchtem Klima.

Tropische Wälder – vor allem immergrüne Hartlaubbäume in weniger feuchtem Klima.

Laub- und Mischwald der gemäßigten Zone – hauptsächlich wechselgrüne Laubbäume.

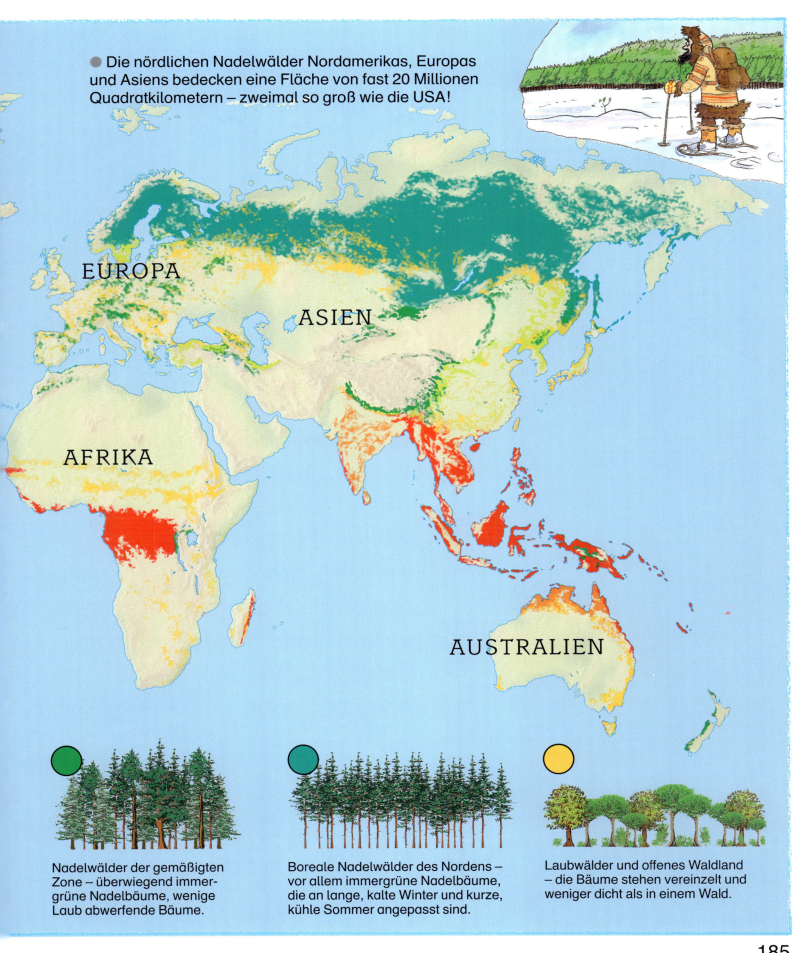

# Wie stark regnet es im Regenwald?

Wenn es in tropischen Regenwäldern regnet, öffnen sich am Himmel alle Schleusen. Fast täglich gehen dort wolkenbruchartige Regenschauer nieder und häufig gibt es ein Gewitter.

# Wo bleibt man im Regenwald trocken?

Die Baumkronen wachsen im Regenwald so dicht und ausladend, dass sie wie ein Schirm wirken. Ein großer Teil des Regens und der Sonnenstrahlen erreicht gar nicht erst den Boden. Unter den Bäumen ist es deshalb düster und geheimnisvoll.

● Der Dschungel ist der undurchdringlichste Teil des Regenwaldes. Hier muss man sich den Weg mit einem Buschmesser freischlagen.

Überständer

**Kronendach**

Baumkrone

Liane

**Unterholz**

**Bodenvegetation**

- Die Baumkronen im Regenwald bilden einen dachartigen Baldachin, über den nur einige besonders hohe Baumriesen hinausragen.

- Die Baumkronen formen ein undurchdringliches Geflecht, das so groß wie ein ganzes Fußballfeld sein kann!

- Armdicke Lianen winden sich an den Baumstämmen empor und baumeln schließlich von den Ästen herab.

- Das lichtarme Unterholz bildet das untere Stockwerk des Regenwaldes.

- Im Dämmerlicht kaum sichtbar, krabbeln Millionen von Insekten auf dem Waldboden. Die Armee der Treiberameisen frisst alles, was sich ihr in den Weg stellt.

# Natur-katastrophen

# ? Was lässt die Erde erzittern?

Die Erdoberfläche besteht aus riesigen Platten von festem Gestein, die auf dem glutflüssigen Gestein darunter schwimmen. Manchmal stoßen diese Platten zusammen und schieben sich aneinander vorbei. Dann kommt es zu Erschütterungen des Bodens, die wir Erdbeben nennen.

● Bei sehr starken Erdbeben bricht der Boden auf, Straßen sinken ein und Gebäude stürzen zusammen.

● Besonders gefährlich ist es, wenn bei Erdbeben Gebäude einstürzen. Wer dann Schutz unter einem Tisch oder unter einem Türrahmen sucht, rettet vielleicht sein Leben.

# Kann man ein Erdbeben voraussagen?

Wissenschaftler, die sich mit Erdbeben befassen, nennt man Seismologen. Obwohl sie wissen, wo Erdbeben stattfinden können, ist der Zeitpunkt nicht genau vorauszusagen.

- In Gegenden mit starken Erdbeben versucht man, erdbebensichere Häuser zu bauen. Einige der neuesten dieser Bauwerke sehen aus wie Pyramiden oder Kegel.

- Tiere scheinen schon lange vor uns zu spüren, dass die Erde bebt. Hunde jaulen, Schlangen kriechen aus ihren Erdlöchern und Hühner rennen um ihr Leben!

- Im alten China glaubte man, dass ein riesiger Stier die Erde auf seinen Schultern trug. Jedesmal, wenn der Stier die Erde von einer Schulter auf die andere verlagerte, kam es zu Erdbeben.

# Welche Berge spucken Feuer?

Wenn glühende Rauchwolken aus einem Berggipfel aufsteigen, handelt es sich bei diesem Berg um einen aktiven Vulkan. Heftige Vulkanausbrüche können ganze Teile des Berges in die Luft sprengen. Dabei werden heiße Aschewolken, Gesteinsbrocken und glühende Lavaströme herausgeschleudert.

# Wann explodieren Vulkane?

Unter einem tätigen Vulkan befindet sich eine riesige Kammer, in der sich heißes Magma (oberirdisch heißt es Lava) und Gase stauen. Wird der Druck zu groß, schießen Magma und Gase durch kleine Spalten in der Erdkruste.

● Forscher, die Vulkane studieren, heißen Vulkanologen, nach Vulcanus, dem römischen Gott des Feuers.

# Wo fließt flüssiges Gestein?

Bei einem Vulkanausbruch treten oft glühende Lavaströme aus, die an den Seiten des Berges hinabfließen. Das flüssige Gestein erreicht Temperaturen von mehr als 1 000 Grad Celsius.

● Als wären Vulkane nicht schon gefährlich genug, können sich bei einem Ausbruch die aufsteigenden Aschewolken elektrisch aufladen und Blitze auslösen!

# Was ist ein Tornado?

Ein Tornado ist ein Wirbelwind, der über das Land rast und alles auf seinem Weg mit sich fortreißt. Tornados kommen vor allem in Nordamerika vor.

Hurrikans sind auch Wirbelstürme, sie bilden sich aber nur über warmen tropischen Meeren. Hurrikans wehen mit einer Geschwindigkeit von bis zu 240 Kilometern in der Stunde.

● In den USA hob ein Tornado 1931 einen ganzen Zug in die Luft und ließ ihn dann in einen Graben fallen.

● Luft ist unsichtbar, darum sieht man auch den Wind nicht. Man fühlt ihn aber im Gesicht und sieht, wie er die Bäume hin- und herschwanken lässt.

## Warum weht der Wind?

Wenn du den Wind spürst, ist es die Luft, die in Bewegung ist. Luft bewegt sich, wenn die Sonne sie erwärmt. Sie wird dann leichter und steigt nach oben. Kühlere Luft strömt nach und nimmt ihren Platz ein – so entsteht Wind.

● So kannst du beobachten, dass warme Luft aufsteigt: Wenn du eine Feder auf eine Heizung legst, schwebt sie mit der aufsteigenden Luft nach oben.

# Wann wird Wind zum Sturm?

Je heftiger der Wind weht, desto mehr Schaden kann er anrichten. Auf der Beaufort-Skala ist die Windstärke von 0 bis 12 eingeteilt, je nach Auswirkung auf die Umgebung. Eine schwache Brise, die mit 12 bis 19 Stundenkilometern weht, entspricht Windstärke 3. Ein kräftiger Wind erreicht Windstärke 7. Das bedeutet Windgeschwindigkeiten von 50 bis 61 Stundenkilometern, bei denen auch große Bäume schwanken!

● Windstärke 10 ist ein schwerer Sturm. Mit Windgeschwindigkeiten von 89 bis 102 Kilometern pro Stunde kann er Bäume entwurzeln. Ein Orkan erreicht Windstärke 12.

● Im März 1993 wurde die Ostküste Kanadas und der USA von einem schweren Schneesturm mit orkanartigen Winden heimgesucht. Tausende Gebäude wurden zerstört oder beschädigt. Die Auswirkungen waren so schlimm, dass man von einem „Jahrhundertsturm" sprach.

# Wie gefährlich ist ein Blizzard?

Klirrend kalte Winde können ganz plötzlich einen Schneesturm verursachen, den man Blizzard nennt. Er hinterlässt gewaltige Schneeverwehungen, die den gesamten Verkehr zum Erliegen bringen!

● 1959 gab es bei einem Schneesturm in Kalifornien 4,5 Meter hohe Schneeverwehungen!

# Warum schoss man früher auf Wolken?

Hagel kann schlimme Schäden verursachen. Einige Bauern versuchten ihre Ernte vor Hagel zu schützen, indem sie mit einer Art Kanone Löcher in Gewitterwolken schossen. Man weiß aber nicht, ob das funktionierte.

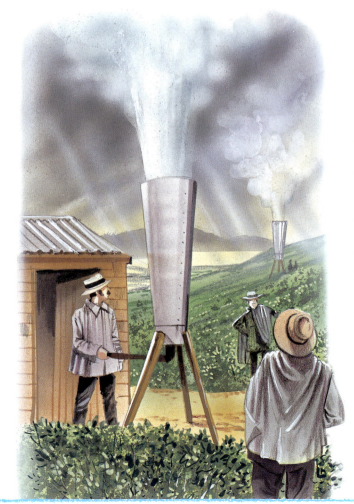

● 1882 fand man in Iowa, USA, zwei Frösche, die in großen Hagelkörnern eingefroren waren und trotzdem noch lebten. Man nimmt an, dass sie von einem Tornado mitgerissen wurden.

# Welchen Schaden kann ein Wirbelsturm anrichten?

Tropische Wirbelstürme wie Taifune und Hurrikane sind die heftigsten Winde, die man kennt. Sie bilden sich an der feucht-warmen Meeresoberfläche. Wenn sie das Festland erreichen, wirbeln sie Bäume, Hausteile und sogar Autos und Boote durch die Luft!

● Tropische Wirbelstürme bringen sintflutartige Regenfälle mit sich, an den Küsten zusätzlich hohe Wellen und Überschwemmungen. Über dem Festland lassen die Sturmwinde aber schnell nach.

# Wo ist das Auge des Sturms?

Das Zentrum eines Wirbelsturms nennt man „Auge". Hier gibt es weder starken Wind noch Sturmwolken. Die rasend schnellen Winde des Sturms drehen sich kreisförmig um das Auge herum.

● Jeder Wirbelsturm erhält von den Wetterforschern einen Namen. Der erste Sturm im Jahr beginnt wie das Alphabet mit A und heißt zum Beispiel „Alice", der zweite beginnt mit B und so weiter. Nur wenige Stürme haben jedoch Namen mit den Buchstaben Q, U, X, Y oder Z!

# Was haben Hurrikan, Taifun und Zyklon gemeinsam?

● Mit Wetterflugzeugen versuchen Forscher Wirbelstürme aufzuspüren, um die Menschen rechtzeitig warnen zu können.

Alle drei sind gefährliche Wirbelstürme, die über dem Meer entstehen. In Nord- und Südamerika heißen sie Hurrikan, in Australien und Indien Zyklon und in Asien Taifun.

# Wo beginnen Gewitter?

Gewitter nehmen ihren Anfang in riesigen schwarzen Gewitterwolken, die sich manchmal am Ende eines heißen Sommertages aufbauen. Im Innern der Wolken wirbeln starke Winde die Wassertröpfchen umher und laden die dunkle Wolke mit Elektrizität auf. Diese Elektrizität zuckt in großen Funken über den Himmel – wir nennen sie Blitze.

● Bei einem Gewitter bleibt man am besten im Haus. Nie darf man unter einem Baum Schutz suchen – er kann vom Blitz getroffen werden.

● Ein Amerikaner wurde siebenmal von einem Blitz getroffen! Roy C. Sullivans Haare standen zweimal in Flammen und auch seine Augenbrauen verbrannten. Er verlor sogar einen großen Zehennagel – aber er überlebte.

● Der Blitz pflanzt sich mit einer Geschwindigkeit von 300 000 Kilometern in der Sekunde fort!

- Wenn du wissen willst, wie weit ein Gewitter entfernt ist, musst du die Sekunden zählen, die zwischen dem Blitz und dem Donner vergehen. Das Gewitter ist einen Kilometer entfernt, wenn du drei Sekunden gezählt hast.

- Die größten Gewitterwolken ragen 16 Kilometer hoch. Das ist fast zweimal so hoch wie der Mount Everest.

## Was ist Donner?

Blitze sind unvorstellbar heiß. Wenn sie über den Himmel zucken, erhitzen sie die Luft so stark, dass sie sich plötzlich und mit lautem Geräusch ausdehnt. So entsteht der Donner.

# Wie entstehen Blitze?

Bei einem Gewitter laden sich die massigen Gewitterwolken elektrisch auf, bis Funken in Form von Blitzen von Wolke zu Wolke springen. Manchmal reichen gewaltige Zickzackblitze sogar bis zur Erde. Auf seinem Weg erhitzt der Blitz die Luft so sehr, dass sie sich explosionsartig ausdehnt. Das hören wir als Donner.

● Von starkem Wind getrieben, prallen Wassertröpfchen, Eiskristalle und Hagelkörner in einer Gewitterwolke aufeinander und laden sich dabei elektrisch auf.

● In der Wolke entsteht eine starke Spannung, die sich in gleißend hellen Blitzen entlädt, die bis zur Erde reichen können.

- Die Wikinger glaubten, dass ihr Gott Thor Blitze am Himmel entstehen lasse, wenn er seinen Hammer schwang. Den Donner hielten sie für das Rumpeln seines Streitwagens.

- Schlägt ein Blitz in sandigen Boden ein, bringt die Hitze den Sand zum Schmelzen. Kühlt die Einschlagstelle ab, erstarrt sie zu einer glasartigen Figur, die den Weg des Blitzes sichtbar macht.

## Was ist ein Kugelblitz?

Während eines Gewitters kann man manchmal knapp über der Erdoberfläche unheimliche Lichtkugeln sehen. Diese Erscheinungen sind Kugelblitze. Man vermutet, dass sie aus heißen Gasen entstehen, die von einschlagenden Blitzen stammen.

- In das Empire State Building in New York schlugen einmal innerhalb von 15 Minuten 15 Blitze ein!

## Wie entstehen Schlammlawinen?

Wenn Regen sintflutartig auf steile Berghänge herabprasselt, verwandelt sich lockeres Erdreich in Schlamm, der vom Regen fortgetragen wird. Manchmal rutschen ganze Schlammlawinen von den Hängen und begraben alles, was auf ihrem Weg liegt.

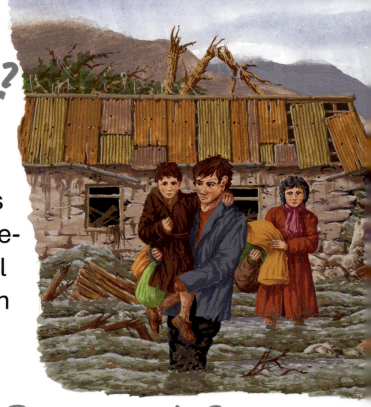

## Wie gefährlich kann Regen sein?

Heftiger Regen kann Flüsse so stark ansteigen lassen, dass sie die Uferbefestigung überspülen. Dämme können durch den Wasserdruck brechen und dann überschwemmen Sturzfluten das Land.

● Als Mosambik im Februar 2000 überschwemmt wurde, stieg das Wasser so unglaublich schnell, dass vielen Menschen keine Zeit zur Flucht blieb. Tausende saßen tagelang auf Bäumen und Hausdächern fest.

● Beim Ausbruch eines kolumbianischen Vulkans im Jahr 1985 schmolz sein eisbedeckter Gipfel. Dadurch bildeten sich vulkanische Schlammströme (Lahare), die den Hang hinabrutschten und eine ganze Stadt unter sich begruben.

● Lahare können 100 Stundenkilometer schnell werden, wenn sie an einem Vulkan hinabstürzen.

## Wo sind Überschwemmungen willkommen?

● Noahs Sintflut beschreibt vielleicht, wie eine schmale Landverbindung durch die Kraft des Mittelmeeres brach, wodurch aus einem Süßwassersee das salzige Schwarze Meer entstand.

Wenn Flüsse über die Ufer treten, lagert sich nährstoffreicher Schlamm ab. Schon die alten Ägypter siedelten im fruchtbaren Uferbereich des Nil, der jedes Jahr bei Hochwasser überschwemmt wurde. Der größte Teil Ägyptens besteht noch heute aus Wüsten.

# Wann rast Schnee so schnell wie ein ICE?

Wenn sich Schneemassen von Berghängen lösen, rollen sie als Lawinen zu Tal. Lawinen werden durch Tauwetter und Erdbewegungen ausgelöst, manchmal aber auch durch einen unvorsichtigen Skifahrer. Lawinen können das Tempo eines ICE-Zuges erreichen und begraben Eisenbahnlinien, Straßen und ganze Dörfer unter sich.

● Sei vorsichtig, wenn du in den Bergen jodeln willst, denn Lärm kann Lawinen auslösen!

● Im Ersten Weltkrieg gaben Soldaten in den Bergen Gewehrschüsse ab, um ihre Feinde unter Lawinen zu begraben.

## Wer findet Lawinenopfer?

Jede Mannschaft zur Lawinenrettung hat speziell ausgebildete Hunde. Mit ihrer unglaublich feinen Nase spüren die Tiere Verschüttete unter meterdicken Schneemassen auf. Haben sie eine Spur entdeckt, beginnen sie sofort, einen Rettungstunnel zu graben.

## Wie schützen Bäume vor Katastrophen?

Naturkatastrophen wie Lawinen und Erdrutsche ereignen sich besonders häufig in baumlosen Bergregionen. Denn Bäume graben ihre Wurzeln tief in den Untergrund, festigen die Erde und bewahren sie davor, weggespült zu werden.

# Wie hoch kann eine Welle werden?

Eine Tsunami-Welle bäumt sich in Küstennähe bis zu 20 Meter hoch auf. Eine der höchsten gemessenen Wellen erreichte 1971 bei Japan sogar eine Höhe von 85 Metern – fast so hoch wie die Türme des Münchner Doms oder die Freiheitsstatue in Amerika!

● Tsunamis rasen mit bis zu 1 000 Stundenkilometern über den Ozeanboden. Sie sind so schnell wie ein Düsenjet!

● Möglicherweise war ein Tsunami die Ursache für den rätselhaften Untergang der minoischen Kultur auf Kreta vor etwa 3 500 Jahren. Man nimmt an, dass damals riesige, 40 Meter hohe Wellen über die Küste hereinbrachen und die dortigen Städte und die gesamte minoische Flotte unter sich begruben.

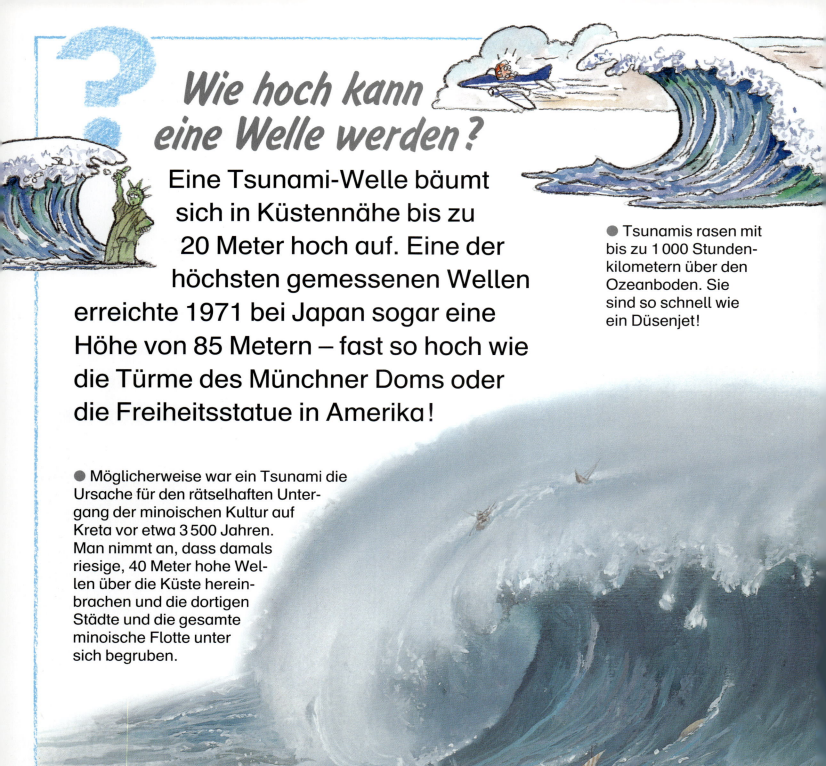

# Wie entsteht ein Tsunami?

Während normale Meereswellen an der Wasseroberfläche durch den Wind aufgepeitscht werden, entstehen Tsunamis am Meeresgrund. Seebeben und Vulkanausbrüche am Meeresboden sind häufig die Ursache für die sich kreisförmig ausbreitenden Wellen von Tsunamis.

● Als 1883 ein Vulkan auf Krakatau ausbrach und die indonesische Insel auseinander sprengte, schleuderten riesige Gesteinsbrocken ins Meer und verursachten gewaltige Tsunamis. Eine dieser Wellen spülte sogar einen Dampfer in den Dschungel der nahe gelegenen Insel Sumatra.

# Tiere

● Die weiblichen Königin-Alexandra-Vogelfalter sind die größten Schmetterlinge der Welt. Ihre ausgebreiteten Flügel würden fast diese Seite bedecken!

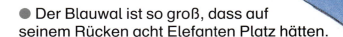

● Der Blauwal ist so groß, dass auf seinem Rücken acht Elefanten Platz hätten.

Giraffe
5,50 Meter hoch

Elefant
3,50 Meter hoch
7 Tonnen schwer

Strauß
2,50 Meter hoch

● Die Giraffe ist das höchst gewachsene Landtier. Mit ihrem langen Hals reicht sie fast so hoch wie ein zweistöckiges Haus.

● Der mächtige Afrikanische Elefant ist fast dreimal so hoch wie du. Er kann so viel wiegen wie sieben Autos.

● Der Strauß ist der größte und schwerste Vogel. Er ist fast so hoch wie ein Linienbus!

# Welches ist das größte Tier?

Das größte Tier ist der Blauwal – nur ein einziger Dinosaurier ist vermutlich noch ein bisschen größer gewesen als er. Ein ausgewachsener Blauwal wiegt so viel wie 150 Autos!

Blauwal
30 Meter lang
150 Tonnen schwer

● Der Walhai wiegt so viel wie 40 Autos. Er ist der größte Fisch.

Menschen 1,60 bis 1,90 Meter groß

Walhai
15 Meter lang
40 Tonnen schwer

● Der Netzpython kann so lang werden wie sechs hintereinander aufgestellte Fahrräder! Er ist die längste Schlange der Welt.

Netzpython 10 Meter lang

# Was ist der Unterschied zwischen Haien und Delfinen?

Obwohl sich Haie und Delfine sehr ähneln, gehören sie zu ganz verschiedenen Tiergruppen. Haie sind Fische, Delfine aber Säugetiere.

- Obwohl du ganz anders aussiehst als ein Delfin, bist du auch ein Säugetier!

- Ein Tier, das eine Lunge hat und seine Kinder mit Muttermilch aufzieht, ist ein Säugetier. Die meisten Säugetiere haben ein Fell oder zumindest ein paar Haare.

Lunge

● Ein Tier, das Federn trägt und aus einem Ei mit einer harten Schale schlüpft, ist ein Vogel. Alle Vögel haben Flügel und die meisten können fliegen.

● Ein Tier mit sechs Beinen und einem dreiteiligen Körper ist ein Insekt. Auf der Erde gibt es viel mehr Insekten als andere Tiere.

● Ein Tier mit einer feuchten, schleimbedeckten Haut, das im Wasser geboren wird, sein Leben aber auf dem Land verbringt, ist ein Lurch. Junge Lurche schlüpfen aus geleeähnlichen Eiern.

● Ein Tier mit einer trockenen, schuppenbedeckten Haut, das auf dem Land geboren wird, ist ein Kriechtier. Die meisten Kriechtiere legen Eier mit einer lederartigen Schale.

● Ein Tier, das im Wasser lebt, durch Kiemen atmet und mithilfe von Flossen schwimmt, ist ein Fisch. Die meisten Fische legen geleeähnliche Eier, aus denen die Jungfische schlüpfen.

Hinterleib
Kopf
Brust
schuppenbedeckte Haut
Flosse
Kiemen

# Was ist der Unterschied zwischen Fröschen und Kröten?

Frösche haben meistens eine glatte Haut und lange Beine zum Springen. Die meisten Kröten haben eine warzige Haut und bewegen sich kriechend fort.

Kröte

Frosch

# ...und zwischen Alligatoren und Krokodilen?

Krokodile haben eine längere und spitzere Schnauze als Alligatoren. Außerdem steht bei den Krokodilen auch bei geschlossenem Maul auf jeder Seite ein großer Zahn heraus.

- Frösche und Kröten gehören zu den Lurchen.
- Alligatoren und Krokodile gehören zu den Kriechtieren.

Krokodil

Alligator

# ...und zwischen Affen und Menschenaffen?

Der größte Unterschied zwischen diesen Tiergruppen ist, dass Affen lange Schwänze haben, Menschenaffen nicht. Es gibt sehr viele verschiedene Affenarten, aber nur wenige Menschenaffenarten, nämlich Gorillas, Orang-Utans, Schimpansen und Gibbons.

Klammeraffe

Orang-Utan (Menschenaffe)

● Affen und Menschenaffen sind Säugetiere.

● Eine Kellerassel sieht zwar aus wie ein Insekt, ist aber keines, denn sie hat zu viele Beine. Sie ist mit den Krebsen und Hummern verwandt.

● Kaninchen und Hasen gehören beide zu den Säugetieren.

# ...und zwischen Kaninchen und Hasen?

Hasen haben längere Beine und Ohren als Kaninchen. Auch ihre Tasthaare an der Schnauze sind länger.

# Warum haben Tiere ein Skelett in ihrem Körper?

Nicht alle Tiere haben ein Knochengerüst oder Skelett, aber fast alle größeren haben eines. Je größer ein Tier ist, desto wichtiger ist das Skelett, das seinen Körper stützt und sein Gewicht trägt. Außerdem schützt das Skelett weiche Körperteile wie das Gehirn und das Herz.

● Tiere ohne Wirbelsäule nennt man Wirbellose. Zu ihnen gehören Insekten, Spinnen, Schnecken, Würmer, Quallen und Krebse.

● Tiere mit einer Wirbelsäule heißen Wirbeltiere. Zu ihnen gehören Fische, Lurche, Kriechtiere, Vögel und Säugetiere.

Wirbelsäule

Wirbelsäule

- Bei den meisten Tieren besteht das Skelett aus Knochen, nur bei Haien und Rochen ist es aus Knorpel. Knorpel ist nicht ganz so hart wie Knochen, aber sehr elastisch. Auch deine Nasenspitze ist aus Knorpel.

Tausendfüßer

- Insekten, Spinnen, Skorpione, Hundertfüßer und Tausendfüßer haben harte Außenskelette.

- Hummer, Krabben und manche Käfer haben ein besonders hartes Außenskelett, das sie wie eine Rüstung vor Angreifern schützt.

- Kraken sind die größten Wirbellosen. Der Größte, den man bisher entdeckt hat, maß vom Kopf bis zu den Spitzen seiner Fangarme 17 Meter – mehr als acht Taucher!

## Welche Tiere haben ein Außenskelett?

Die meisten kleineren Tiere wie Insekten, Krebse und Spinnen haben ein Außenskelett. Es besteht aus harten Teilen, die sich gegeneinander bewegen lassen. Wie das Innenskelett schützt es den weichen Körper.

- Um wachsen zu können, muss das Tier sein altes Außenskelett abwerfen und sich ein neues wachsen lassen.

219

## Gibt es Tiere, die Menschen fressen?

Viele Tiere sind gefährlich, wenn sie auf der Jagd sind oder sich bedroht fühlen. Aber nur sehr wenige greifen ohne Grund einen Menschen an.

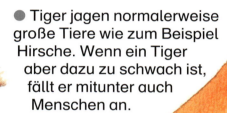

● Tiger jagen normalerweise große Tiere wie zum Beispiel Hirsche. Wenn ein Tiger aber dazu zu schwach ist, fällt er mitunter auch Menschen an.

● Die leuchtend bunte Haut der kleinen südamerikanischen Pfeilgiftfrösche sondert ein tödliches Gift ab.

## Sind alle Schlangen giftig?

Nicht alle Schlangen sind giftig und nur bei wenigen ist das Gift stark genug, um einen Menschen zu töten. Die gefährlichsten sind Seeschlangen, Kobras, Vipern und Klapperschlangen.

● Die größten Schlangen sind ungiftig. Diese „Würgeschlangen" quetschen ihre Opfer zu Tode.

# Sind alle Haie gefährlich?

Die meisten Haie sind Fleischfresser, aber nur wenige greifen Menschen an. Millionen Menschen baden in Gewässern, in denen Haie leben, aber jährlich werden nur etwa hundert von Haien angegriffen.

- Der weiße Hai greift manchmal Wassersportler an.

- Einige der Zähne des weißen Hais sind länger als deine Finger!

- Kobras haben Giftzähne.

- Die Haut von Haien ist so rau, dass sie früher zum Schmirgeln verwendet wurde.

- Haien wachsen ständig neue Zähne.

## Warum haben Kamele Höcker?

Ein Kamel speichert in seinen Höckern wie in einem Rucksack Fettvorräte. Kamele brauchen diese „Vorratskammern", weil sie in der Wüste leben, wo Futter und Wasser schwer zu finden sind.

## Warum haben Elefanten einen Rüssel?

Mit dem Rüssel pflückt der Elefant seine Nahrung – Zweige und Blätter – von den Bäumen. Eine gute Pumpe ist er auch: Der Elefant saugt damit Wasser auf und spritzt es sich zur Kühlung über den Körper.

● Wenn Elefanten sich begrüßen, berühren sie sich mit ihren Rüsseln.

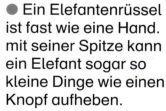

● Ein Elefantenrüssel ist fast wie eine Hand. mit seiner Spitze kann ein Elefant sogar so kleine Dinge wie einen Knopf aufheben.

- Ein Kamel mit nur einem Höcker heißt Dromedar.
- Ein zweihöckriges Kamel nennt man Trampeltier.
- Ein durstiges Kamel kann in nur zehn Minuten zehn Eimer Wasser leer trinken!

## Warum haben Giraffen einen langen Hals?

Mit ihrem langen Hals kann die Giraffe auch Blätter erreichen, die für andere Tiere zu hoch hängen. So fressen sich die Tiere nicht gegenseitig das Futter weg!

- Die Zunge der Giraffe ist einen halben Meter lang!

# Wie lange kommen Kamele ohne Wasser aus?

Kamele halten, ohne zu trinken, viele Tage aus – wenn sie saftige Pflanzen zu fressen finden, sogar Wochen. An der Tränke nimmt ein Kamel bis zu 100 Liter Wasser auf.

- Für Nomadenvölker sind die Kamele unersetzlich. Sie sind genügsam und können schwere Lasten durch unwegsames Gelände transportieren.

- Viele Wüsteneidechsen haben Fettreserven in ihrem Schwanz.

# Gibt es Wüstentiere, die nie trinken?

Wüstenspringmäuse (rechts) und Kängururatten trinken nie. Sie nehmen das Wasser, das sie brauchen, über die Nahrung auf.

# Können Kröten in der Wüste überleben?

Die nordamerikanische Schaufelfußkröte überlebt die Dürre in der Wüste mit einem Trick: Sie verkriecht sich das ganze Jahr über in einer kühlen, unterirdischen Höhle, die sie nur in der Regenzeit verlässt, um ihre Eier abzulegen.

- Die meisten anderen Krötenarten bevorzugen Feuchtgebiete. Wie alle Amphibien legen sie ihre Eier im Wasser ab.

- Der Morgennebel der Wüste Namib dient dem Schwarzkäfer als Wasserquelle. Er reckt sein Hinterteil in die Höhe und fängt damit winzige Tröpfchen auf, die in seinen Mund perlen.

- Das Männchen des Flughuhns ist ein fliegender Durstlöscher. Es taucht seine Brust in die oft weit entfernten Wasserstellen. Der Flaum unter den Deckfedern saugt sich wie ein Schwamm voll. Dann fliegt es zum Nest und tränkt damit seine Küken.

# Wie bewahren Wüstenfüchse einen kühlen Kopf?

Beim Kitfuchs funktionieren die großen Ohren wie der Kühler eines Autos. Sie geben Wärme ab und halten damit die Körpertemperatur niedrig.

● Auch der Kalifornische Eselhase behält mit Hilfe seiner großen Ohren in der Wüste einen kühlen Kopf.

# Welches Tier hat einen eigenen Sonnenschirm?

Anders als viele kleine Wüstenbewohner verbringt das Erdhörnchen den Tag in der prallen Sonne. In der Mittagsglut spendet sein Schwanz wie ein Sonnenschirm Schatten!

● Droht Gefahr, signalisieren Erdhörnchen das ihren Artgenossen mit dem Schwanz.

- Der Wüstengoldmull verbringt die meiste Zeit damit, sich durch den Sand zu wühlen. In nur einer Nacht kann er unterirdisch mehr als vier Kilometer zurücklegen!

- Viele Wüstenbewohner haben ein helles Fell. Es reflektiert die Sonne und hält den Körper kühl.

- Der Elfenkauz zieht sich vor der unbarmherzigen Wüstensonne in verlassene Bruthöhlen in den Säulenkakteen zurück.

## Warum lieben Wüstentiere die Dunkelheit?

Viele kleine Wüstenbewohner leben während der Hitze des Tages in unterirdischen Höhlen. Abends, nachts und am frühen Morgen, wenn es kühler ist, verlassen sie ihre Verstecke und gehen auf Nahrungssuche.

## Wie töten Klapperschlangen ihre Beute?

Eine Klapperschlange greift blitzschnell an. Mit weit geöffnetem Maul stößt sie ihre Giftzähne in das Beutetier. Kleine Tiere sind innerhalb weniger Sekunden tot.

● Klapperschlangen heißen so, weil sie mit ihrer Schwanzspitze ein lautes Geklapper erzeugen können.

## Welche Wüsteneidechsen sind giftig?

In den Wüsten leben unzählige verschiedene Eidechsenarten. Aber nur zwei davon sind giftig – die Gila-Krustenechse Nordamerikas und die mexikanische Skorpion-Krustenechse. Diese Eidechsen setzen ihr Gift meist nur zum Schutz gegen Feinde ein.

## Wozu ist der Stachel am Schwanzende der Skorpione?

Der Stachel eines Skorpions ist mit einer Giftdrüse verbunden. Er wird nur dann eingesetzt, wenn das Tier gereizt wird. Zum Beutefang benutzt es lieber seine Scheren. Skorpione sehen schlecht. Auf der Jagd riechen und ertasten sie ihre Beute mehr als dass sie sie sehen.

● Der Chuckwalla-Leguan quetscht sich zum Schutz vor Feinden in Felsspalten, wo er seinen Leib zusätzlich mit Luft aufbläht. Dort sitzt er dann fest wie ein Korken im Flaschenhals.

● Auf dem Speiseplan der Skorpione stehen vor allem Insekten und Spinnen. Größere Skorpione vertilgen sogar Eidechsen und Mäuse.

# Warum hat der Jaguar so viele Flecken?

Sicher ist dir schon aufgefallen, dass das Sonnenlicht helle Flecken auf den Waldboden wirft, wenn es durch die Bäume fällt. Das gefleckte Fell des Jaguars ist bei diesen Lichtverhältnissen kaum zu sehen und unterstützt seine Tarnung. Dadurch kann er Beutetiere wie Hirsche, Wildschweine und Fische fangen.

● Der Jaguar ist ein schlauer Jäger. Er lässt seinen Schwanz wie eine Angelschnur im Wasser baumeln, um Fische anzulocken.

# Wie gehen Fingertiere auf Insektenjagd?

Das Fingertier benutzt seine langen Mittelfinger, um seine Lieblingsspeise, Insektenmaden, unter der Baumrinde herauszuholen. Das seltene Tier bewohnt die Regenwälder Madagaskars.

● Die Maden im Baumstamm findet das Fingertier durch Abklopfen. Hört sich der Stamm hohl an, hat es Nahrung aufgespürt.

• Sicher eine der seltsamsten Erscheinungen im Regenwald ist der Nasenaffe. Er lebt auf der Insel Borneo in Bäumen, die in der Nähe von Sümpfen und Flüssen wachsen.

## Woran klammert sich der Klammeraffe?

Natürlich an Äste und Lianen hoch oben in den Baumkronen des Regenwaldes! Ihre langen Arme und Beine machen die Klammeraffen zu Kletterkünstlern. Den langen Schwanz benutzen sie dabei wie einen zusätzlichen Greifarm.

• Brüllaffen sind, wie ihr Name bereits sagt, die lautesten Tiere im Regenwald. Ganze Horden heulen in der Morgen- und Abenddämmerung, um ihr Revier zu markieren.

## Wo leben die Koalabären?

Koalas sind wählerisch. Sie fressen nur die Blätter und jungen Triebe des Eukalyptusbaumes. Deshalb findet man frei lebende Koalabären nur in den Baumkronen australischer Eukalyptuswälder.

● Koalabären müssen nur selten trinken. Ihnen reicht das Wasser aus ihrer Nahrung. „Koala" stammt aus der Sprache der Aborigines und bedeutet „trinkt nicht".

● Australische Tierbabys wie Fuchskusu und Koala leben zunächst im Beutel ihrer Mutter. Ältere Junge klammern sich auf dem Rücken der Mutter fest und lassen sich tragen.

● Der letzte Ort, an dem du ein Känguru erwartest, ist wohl hoch oben auf einem Baum. Aber genau dort verbringen Baumkängurus einen Großteil ihres Lebens!

## Wie heißt der größte Waldvogel?

Kasuare sind scheue Vögel, die sich im dichten Unterholz der Wälder in Australien und Neuguinea verstecken. Die größte Art ist mit 1,7 Metern etwa so groß wie ein Mensch. Kasuare können zwar nicht fliegen, dafür aber schwimmen und schnell laufen.

● Auch der Kiwi in Neuseeland ist flugunfähig. Er ist außerdem der einzige Vogel, der Nasenlöcher am Ende seines langen Schnabels hat.

233

# In welcher Höhle leben fünf Millionen Tiere?

Die Deer-Höhle im Nationalpark Gunung Mulu auf der Insel Borneo ist weltberühmt für ihre zahlreichen Bewohner – etwa fünf Millionen Fledermäuse! Diese nachtaktiven Tiere bevorzugen Höhlen, denn sie lieben die Dunkelheit. Tagsüber hängen sie mit dem Kopf nach unten von der Höhlendecke und dösen. Sie erwachen abends und fliegen nach draußen, um Beute zu jagen.

● Man nimmt an, dass die Bracken-Höhle in Texas die größte Fledermauskolonie der Welt beherbergt. 20 Millionen Guanofledermäuse leben dort einen Teil des Jahres.

● Etwa 200 000 Fledermäuse pro Minute strömen bei Sonnenuntergang aus der Deer-Höhle!

## Wie „sehen" Fledermäuse im Dunkeln?

Zwar haben die meisten Fledermäuse gute Augen, in der Nacht hilft ihnen das jedoch nicht weiter. Im Dunkeln verlassen sich die Tiere daher auf ihre Ohren. Sie stoßen pausenlos schrille Piepser aus und orientieren sich an deren Echo, das zum Beispiel von Felsen oder Insekten zurückgeworfen wird. Diese Technik heißt Echoortung. Mit ihrer Hilfe findet die Fledermaus nicht nur ihren Weg, sondern spürt in der Finsternis auch Beutetiere wie Nachtfalter auf.

● Manche Fledermäuse haben Hautfalten auf ihrer Schnauze. Biologen nehmen an, dass sie dazu dienen, die schrillen Laute bei der Echoortung zielgenau auszurichten.

● Jede Fledermaus hat ein eigenes, unverwechselbares Piepsen. Daran kann ein Muttertier ihr Junges sogar unter mehreren Millionen Fledermäusen erkennen!

# Welche Höhle wird von Insekten beleuchtet?

Um die Glühwürmchengrotte in Neuseelands Waitomo-Höhle zu besichtigen, braucht man keine Taschenlampe. Denn dort hängen tausende leuchtende Larven der Pilzmücke an langen Fäden von der Höhlendecke. Die Tiere funkeln wie winzige bläuliche Feenlichter.

● Die weltberühmte neuseeländische Opernsängerin Kiri Te Kanawa gab in einem anderen Teil der Waitomo-Höhle, der „Kathedrale", ein beeindruckendes Konzert.

# Warum sind Höhlenfische blind?

Höhlenfische verbringen ihr ganzes Leben in Finsternis. Wie viele andere Höhlenbewohner, die tief im Erdinneren leben, brauchen sie ihre Augen nicht. Stattdessen haben sie spezielle Sinnesorgane auf der Haut ausgebildet, mit denen sie sich orientieren und Beute aufspüren können.

Höhlenfisch

# Wer frisst wen im Dunkeln?

Fledermauskot oder Guano ist eine Nahrungsquelle für viele Krabbeltiere der Höhlen wie Kakerlaken, Fliegen und Tausendfüßer. Sie selbst sind ein leckerer Happen für Hundertfüßer, Grillen und Spinnen, die wiederum auf dem Speiseplan von größeren Höhlenbewohnern wie Fledermäusen und Vögeln stehen.

● Der Grottenolm ist eine Amphibie, die sich an das fehlende Licht in den Höhlen angepasst hat. Der rosa gefärbte Olm lebt in unterirdischen Gewässern.

Hundertfüßer

Höhlengrille

Heller Weberknecht

Grottenolm

● Anders als ihre lärmenden oberirdischen Verwandten zirpen die Höhlengrillen nicht.

# Welches Tierkind hat die beste Mutter?

Ein Gorillababy hat eine der besten Mütter der Welt. Ein Gorillaweibchen wirkt auf uns zwar furchterregend, aber sie ist eine liebevolle Mutter. Sie hegt und pflegt ihr Junges, ernährt es in den ersten drei Lebensjahren und bemuttert es noch lange danach.

● Die Weibchen der Gorillas, Schimpansen, Gibbons und Orang-Utans sind ausgezeichnete Mütter.

# Welches Tierbaby hat die schlechteste Mutter?

Ein Kuckucksweibchen kümmert sich nicht selbst um seine Jungen. Es legt sein Ei in das Nest eines anderen Vogels. Schlüpft das Junge, übernimmt der andere Vogel die ganze Fürsorge und zieht das Küken auf.

● Ein Kuckucksweibchen kann sein Ei in fremde Nester legen, da sein Ei den anderen gleicht.

# Welche Mutter bekommt ihre Jungen hinter Gittern?

Während das Nashornvogelweibchen seine Eier in eine Baumhöhle legt, verschließt das Männchen den Eingang. Es lässt allerdings einen kleinen Spalt für den Schnabel frei, damit es sein Weibchen während der Brutzeit füttern kann.

● Tupaja-Weibchen sind Teilzeitmütter. Sie lassen ihre Jungen im Nest allein und sehen nur alle zwei Tage vorbei, um sie zu füttern.

239

# Bei welchen Tieren bringt der Vater die Jungen zur Welt?

Das Seepferd-Männchen besitzt einen speziellen Beutel, in den das Weibchen seine Eier ablegt. Das Männchen trägt die Eier so lange, bis die Jungen schlüpfen und Hunderte von Seepferdchenbabys ins Meer strömen.

# Wer wärmt die Eier mit den Füßen?

Jedes Jahr im tiefsten Winter legt das Kaiserpinguinweibchen ein Ei und übergibt es seinem Gefährten, damit er es wärmt. Dieser wiegt das Ei zwischen seinen Füßen und dem Gefieder, bis das Junge mit der ersten Frühlingssonne schlüpft.

● Um Stichlingjunge kümmern sich die Männchen. Versucht ein Junges auszubüchsen, schnappt der Vater nach ihm und spuckt es zurück ins Nest.

# Wessen Brust ist wie ein Schwamm?

Flughühner leben in den trockenen Wüsten Afrikas und Asiens sowie in Südeuropa. Wenn das Wasser knapp ist, fliegt das Männchen Hunderte von Kilometern zu einer Wasserstelle, wo sich die Daunen unter den Deckfedern wie ein Schwamm voll Wasser saugen. So beladen fliegt es zurück zu den Küken, die das Wasser aus den Daunen trinken.

● Die meisten Tierväter sind an der Aufzucht der Jungen nicht beteiligt. Viele machen sich lange vor der Geburt ihrer Jungen auf und davon.

# Warum hat das Känguru einen Beutel?

● Nur das Känguruweibchen hat einen Beutel. Da das Männchen keine Jungen bekommt, braucht es auch keinen!

Der Beutel ist für das Kängurubaby ein sicherer Ort, um heranzuwachsen. Bei seiner Geburt ist es kaum größer als eine Erdnuss. Es wühlt sich durch das Fell der Mutter, bis es den Beutel erreicht hat. Dort lebt es von der Muttermilch und gedeiht prächtig.

# Wer trägt den Nachwuchs huckepack?

In den ersten sieben Lebensmonaten reitet ein Lemurenjunges auf dem Rücken seiner Mutter und klammert sich fest, wenn diese mit einem Affenzahn durch den Urwald rast.

## Wer wird beim Genick gepackt?

Wie alle Katzenmütter packt auch eine Leopardenmutter ihr Junges beim Genick und trägt es im Maul. Da die Haut am Genick lose und faltig weich ist, wird das Junge nicht verletzt. Es hängt ganz ruhig, bis seine Mutter es behutsam ablegt.

● Eine Krokodilmutter trägt ihre Kinder im Maul und gibt gut Acht, dass sie sie nicht mit ihren messerscharfen Zähnen verletzt.

## Wer fährt gerne Boot?

Die Küken der Tauchervögel lieben es, auf Mamas Rücken über das Wasser zu fahren. Dabei bräuchten sie das gar nicht, denn sie sind selbst schon perfekte Schwimmer.

## Welches Tierbaby hat das gemütlichste Nest?

Hasenjunge haben ein wirklich kuscheliges Nest. Ihre Mutter baut das Nest in ein Erdloch, polstert trockene Grashalme zu einem Kissen und legt es mit weichen Fellhaaren aus.

● Eine neugeborene Buschratte hat nicht so viel Glück wie ein Hasenkind. Ihr Nest befindet sich mitten in einem Kaktus. Aua!

## Wer wächst in einer Eishöhle auf?

Eisbärenjunge werden in einer unterirdischen Höhle geboren, die ihre Mutter tief unter die Schneedecke gegraben hat. In der Höhle staut sich die Luft. Das macht sie zu einem gemütlichen Plätzchen für die Wintermonate.

● Das Nest eines Kolibris ist so groß wie eine Walnussschale. Es besteht aus Spinnenseide, Flechten und Blüten.

## Welche Nester sind 100 Jahre alt?

Amerikanische Weißkopfseeadler kehren jedes Jahr zu ihrem Nest zurück. Sie bessern es aus und das Weibchen legt seine Eier hinein. Manche Nester sind über 100 Jahre alt und größer als ein Auto.

● In Amerika baute ein Buntspechtpärchen sein Nest im Space Shuttle. Ins All sind die beiden jedoch nicht gestartet.

## Wer wohnt in einer Luftblase?

Schaumzikaden werden auch Speikäfer genannt, da sie Schaumblasen absondern, kurz nachdem sie geschlüpft sind. Darin leben sie gut versteckt, ernähren sich und wachsen heran.

## Warum haben Pandas meist nur ein Junges?

Eine Riesenpandabärin bemuttert ihr Junges so fürsorglich, dass sie mit einem Kind vollauf beschäftigt ist. Ein Jahr lang umhegt sie es und sorgt dafür, dass es überlebt.

● Heute gibt es nur noch wenige Pandas. Um die Art zu erhalten, fliegen Zoobetreiber mit ihren Pandabären um die ganze Welt. So versuchen sie die Fortpflanzung zu sichern.

## Welche Tiere legen Hunderte von Eiern?

Die meisten Frösche und Kröten legen unzählige Eier in großen gallertartigen Ballen, dem Laich, im Wasser ab. Viele Eier werden gefressen, doch aus manchen entwickeln sich Kaulquappen.

● Die größte Nachkommenschaft überhaupt hat wohl die Riesenvenusmuschel. Die weibliche Muschel legt alljährlich eine riesige Eierwolke ab – mit mindestens einer Milliarde Eiern.

## Wo werden stets Vierlinge geboren?

Eine Neunbinden-Gürteltiermutter bringt stets eineiige Vierlinge zur Welt. Entweder vier Weibchen oder vier Männchen. Ein einzelnes Ei spaltet sich nämlich im Mutterleib in vier Teile auf, die sich alle entwickeln – zu eineiigen Vierlingen.

● Albatrossmütter legen nur etwa alle zwei Jahre ein Ei. Zehn Monate lang kümmern sich die Eltern um ihr Küken. Dann ist es groß genug und kann fliegen.

247

# ? Wonach hascht ein Löwenjunges?

Löwenjunge sind sehr verspielt und versuchen alles, was sich bewegt, zu fangen – besonders gerne den Bommel am Schwanzende ihrer Mutter. Beim Spielen lernen die Jungen, wie sie richtig springen und jagen – Fähigkeiten, die sie später brauchen, wenn sie selbst auf die Jagd gehen.

● Seeotter sind richtige Spaßvögel. Das Muttertier wirft sein Junges hoch in die Luft und fängt es wieder auf. Huiiiiii!

● Im Spiel lernen Tierkinder viele wichtige Fähigkeiten für ihr späteres Leben.

# Warum folgen Entenküken der Mutter im Gänsemarsch?

Nach dem Schlüpfen folgen die Entenküken dem, was sie zuerst sehen, und das ist normalerweise ihre Mutter. Sie folgen ihr überall hin und lernen dabei, wie man schwimmt und Nahrung findet.

● Manche Tiereltern lehren ihre Jungen den Umgang mit Werkzeug. So weiß etwa ein junger Schimpanse schon bald, wie man mit einem Stock in Erdhügeln nach Termiten gräbt.

● Bärenjunge lernen von ihrer Mutter das Fischen. Die Fische werden mit den Tatzen aus dem Wasser geschöpft.

# Wer schleckt und leckt seine Jungen?

Gleich nach der Geburt werden Katzenbabys von ihrer Mutter geleckt. Sie leckt mit der Zunge um das Maul ihrer Jungen, bis sie nach Luft schnappen und anfangen zu atmen. Dann leckt sie das Fell der Jungen trocken, um sie warm zu halten.

● Flamingos putzen nicht nur ihr eigenes Gefieder, sondern auch das ihrer Küken. Sie picken Schmutz und Insekten heraus und verteilen Fett über die Federn, das in den Fettdrüsen produziert wird und das Gefieder wasserfest macht.

● Dass man sich im Schlamm wälzen und dabei auch noch sauber werden kann, möchte man kaum glauben. Doch nichts tut ein Nilpferdbaby lieber: Der Schlamm schützt die Haut des Nilpferds vor der Sonne und macht sie geschmeidig.

## Wer mag es schön gepflegt?

Eine Pavianmutter achtet stets darauf, dass ihre Jungen gut gepflegt sind. Behutsam fährt sie mit den Fingern durch das Fell ihrer Jungen und reinigt es. Dabei entfernt sie Hautschuppen, Schmutz und Insekten – das meiste davon verspeist sie!

● Manchmal schnappt ein Fohlen nach seiner Mutter, aber das ist nur lieb gemeint! Es will damit erreichen, dass es liebkost wird und das Fell gesäubert bekommt.

## Wer wohnt im saubersten Nest?

Von allen Saubermännern unter den Tiereltern würde wohl der Dachs den Siegespreis davontragen! Ein Dachs legt seinen Bau regelmäßig mit frischem Heu und Blättern aus. In einiger Entfernung zum Wohnbau gräbt er sogar Höhlen, die als Klosett dienen.

# Was ist das Gebäude eines Pferdes?

Wenn Fachleute vom „Gebäude" eines Pferdes sprechen, meinen sie damit die Art und Weise, wie es gebaut und proportioniert ist. Natürlich spielen beim Gesamteindruck viele verschiedene Punkte eine Rolle, das Maul und die Ohren genauso wie der Schweif.

Schopf
Genick
Mähne
Mähnenkamm
Widerrist
Ganasche
Nüster
Maul
Hals
Brust
Schulter
Ellbogen
Unterarm
Vorderfuß-Wurzelgelenk
Röhrbein
Ballen
Huf

● Das altgriechische Wort für Pferd lautet hippos, und Zoologen in aller Welt nennen das Nilpferd Hippopotamus — „Pferd aus dem Fluss".

● Ein weibliches Pferd wird Stute genannt, ein männliches Hengst.

● Die Bogen von Musikinstrumenten wie dem Cello werden häufig mit Schweifhaaren von Pferden bespannt.

## Was ist ein Stockmaß?

Seit dem 18. Jahrhundert werden Haus-Säugetiere mit einem Messstock gemessen. Das „Stockmaß" gibt die größte Rumpfhöhe an, beim Pferd die Widerristhöhe.

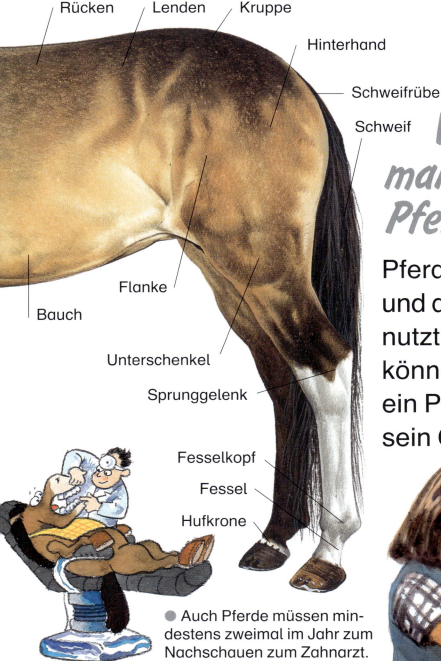

● Ein Pony ist ein kleines Pferd und hat ein entsprechend geringes Stockmaß.

● Auch Pferde müssen mindestens zweimal im Jahr zum Nachschauen zum Zahnarzt.

## Wie bestimmt man das Alter eines Pferdes?

Pferde fressen vor allem Gras, und das Kauen der harten Halme nutzt die Zähne ab. Fachleute können deshalb sagen, wie alt ein Pferd ungefähr ist, wenn sie sein Gebiss anschauen.

253

# Wie merkt man, wie ein Pferd gelaunt ist?

Nun können Pferde natürlich nicht reden, aber an ihrer Körpersprache kann man ablesen, wie sie gelaunt sind. Ein glückliches Pferd läuft z. B. mit erhobenem Kopf und Schweif.

● Zebras und natürlich auch Esel und Halbesel gehören zur gleichen Tierfamilie wie Pferde.

Wachsam

Verärgert

Ängstlich

Zufrieden

● Auch ein normalerweise braves Pferd kann einmal einen schlechten Tag haben. Geh also nie von hinten an es heran — du könntest einen heftigen Tritt abbekommen.

# Sind Pferde gern in Gesellschaft?

Ganz bestimmt! Pferde halten sich am liebsten in einer größeren Gruppe auf, die dann Herde genannt wird.

● Pferde können im Stehen schlafen. In einer Herde hält gewöhnlich ein Tier Wache, während die anderen dösen und sich ausruhen.

# Wie heißen Pferdekinder?

Pferdekinder heißen Fohlen — männliche nennt man Hengstfohlen, weibliche Stutfohlen. Normalerweise wirft eine Stute nur ein Fohlen, nachdem sie es etwa ein Jahr lang in ihrem Bauch hatte.

● Manchmal werden Pferde und Esel gekreuzt. Ist der Vater ein Esel und die Mutter ein Pferd, spricht man von einem Maultier. Maulesel dagegen sind Kinder von Eselstute und Pferdehengst.

## Wie viele Pferderassen gibt es?

Heute gibt es über 200 Pferde- und Ponyrassen. Tiere derselben Rasse haben bestimmte Merkmale gemein, Körpergröße und Körperbau zum Beispiel, die sie an ihre Kinder weitergeben.

● In England heißen kurze weiße Abzeichen an den Beinen „Socken"; bei uns spricht man nur von einem „weißen Fuß".

● Für viele Farbkombinationen von Fell, Mähne und Schweif gibt es bestimmte Namen:

1 Fuchs
2 Tigerschecke
3 Fliegenschimmel
4 Palomino
5 Rappe
6 Apfelschimmel
7 Schecke
8 Brauner
9 Falbe
10 Dunkelfuchs
11 Heller Fuchs

## Welches Pferd ist das kleinste?

Natürlich sind Ponys klein, aber die weltweit kleinste Pferderasse ist das Falabella. Diese speziell gezüchteten Zwergpferdchen werden nur etwa 75 Zentimeter groß.

● Falabellas sind zu klein, um geritten zu werden, aber Shetland-Ponys sind etwas größer und bei jungen Reitern außerordentlich beliebt.

# Welches Pferd ist das größte?

Die Riesen in der Welt der Pferde sind die Kaltblüter. Unter diesen wiederum überragt das Shire-Horse alle anderen. Shire-Horses haben eine Widerristhöhe von mehr als 175 Zentimetern und wiegen bis zu eine Tonne.

● Das größte Pferd aller Zeiten war ein 1846 geborenes Shire-Horse. Mit sechs Jahren maß es 213 Zentimeter!

● Das Haarkleid an den Füßen eines Shire-Horse wird in England „Feathers" (Federn) genannt.

## Können Pferde tanzen?

Lippizaner sind die Balletttänzer unter den Pferden, und wer sie in Aktion erleben möchte, muss in Wien die Spanische Hofreitschule besuchen. Die wunderschönen Schimmel sind weltberühmt für die Leichtigkeit und Eleganz, mit der sie sehr schwierige Dressurübungen ausführen.

● Dieser Lippizanerhengst macht eine so genannte Levade: Er balanciert auf den Hinterbeinen und hebt die Vorderbeine hoch in die Luft.

## Welche Pferde waren Filmstars?

● Roy Rogers und sein Palomino Trigger spielten in den 1940er und 1950er Jahren in vielen Western mit.

Pferde haben in vielen Hundert Filmen mitgespielt. Was zum Beispiel wäre ein Western ohne Pferde? Berühmte Hauptdarsteller waren etwa Black Beauty, das „Wunderpferd" Champion, Silver, das Pferd des Lone Ranger, und Roy Rogers' Trigger.

## Was ist ein Chukka?

Ein Chukka ist ein 7 1/2-minütiger Spielabschnitt beim Polo. Dieser Sport gehört zu den schnellsten und gefährlichsten überhaupt, und es ist unglaublich spannend, den Reitern und ihren Pferden zuzuschauen.

● Eine andere Rodeo-Disziplin ist das Steer-Roping, bei dem der Cowboy hinter einem Stier hergaloppiert und ihn mit dem Lasso einzufangen versucht.

## Wer reitet einen buckelnden Bronco?

Cowboys tun das, und zwar beim Rodeo. Ein Bronco ist ein nicht zugerittenes Pferd. Die Cowboys versuchen, mehrere Sekunden lang auf dem Rücken des buckelnden Tiers zu bleiben.

# Welche Tiere sind Reptilien?

Schlangen, Echsen, Krokodile und Schildkröten gehören zu einer Tierfamilie — den Reptilien. Alle Reptilien haben ein Knochenskelett und eine verhornte, in Schuppen gegliederte Haut. Die meisten legen ihre Eier an Land. Aber einige Arten bringen auch lebende Junge zur Welt.

Eidechse

Krokodil

● Reptilien leben an Land und im Wasser fast überall auf der Erde. Nur die Kälte mögen sie nicht. Deshalb findet man in den Polregionen keine Reptilien.

# Sind Frösche und Molche Reptilien?

Nein. Frösche und Molche haben keine Schuppen, und ihre Haut ist sehr dünn. Sie legen ihre Eier im Wasser ab, und ihre Jungen schlüpfen als Kaulquappen. Reptilienbabys sehen genauso aus wie ihre Eltern, nur viel kleiner.

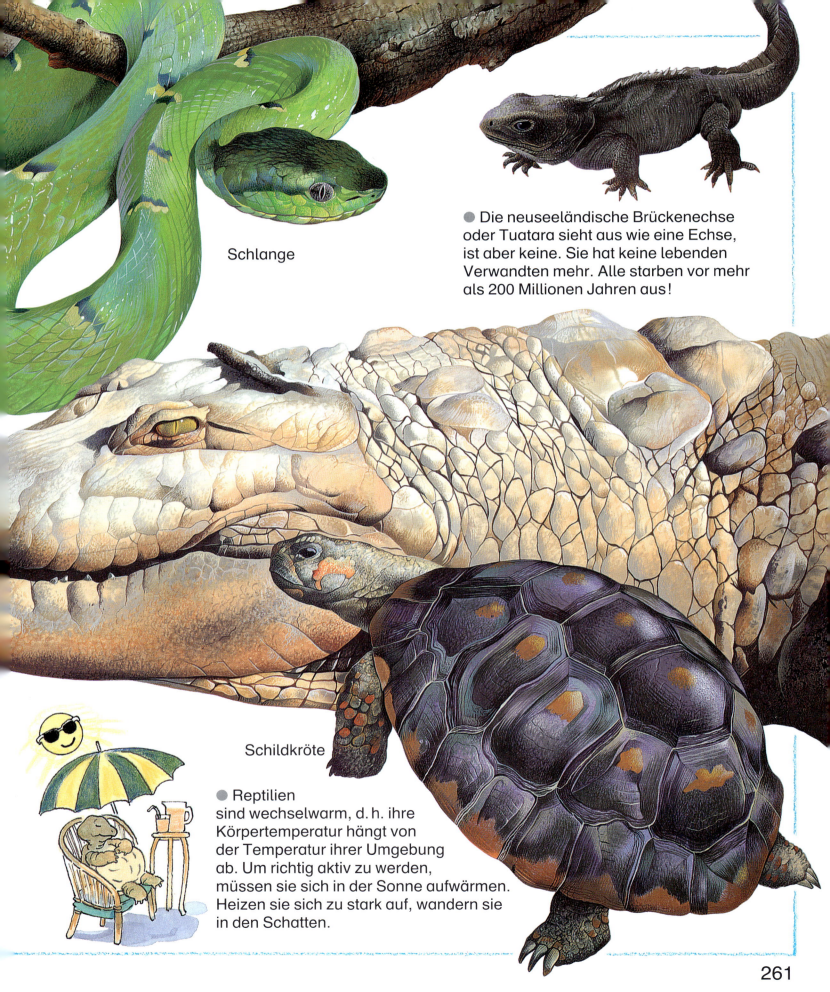

Schlange

● Die neuseeländische Brückenechse oder Tuatara sieht aus wie eine Echse, ist aber keine. Sie hat keine lebenden Verwandten mehr. Alle starben vor mehr als 200 Millionen Jahren aus!

Schildkröte

● Reptilien sind wechselwarm, d. h. ihre Körpertemperatur hängt von der Temperatur ihrer Umgebung ab. Um richtig aktiv zu werden, müssen sie sich in der Sonne aufwärmen. Heizen sie sich zu stark auf, wandern sie in den Schatten.

# Haben Schlangen Tischmanieren?

Schlangen kauen ihre Mahlzeit nicht, sondern schlucken sie im Ganzen. Sie reißen ihr Maul so weit auf, dass alles auf einmal hineinpasst. Ihr Kiefer und ihr Körper sind derart dehnbar, dass sie Dinge schlucken können, die viel dicker sind als sie selbst.

- Schlangen können sich schlängeln, weil ihr Rückgrat aus vielen Hundert kleinen Knochen besteht, die wie Kettenglieder miteinander verbunden sind.

- Die meisten Schlangen sind Einzelgänger, aber in kalten Gegenden halten Klapperschlangen zu mehreren Hundert Winterschlaf unter der Erde.

● Eine Kobra in Drohstellung richtet den Vorderkörper auf und spreizt ihre lose Halshaut zu einem so genannten Hut.

## Warum haben Schlangen Giftzähne?

Neben „normalen" Zähnen, mit denen sie ihre Nahrung packen, haben manche Schlangen noch zwei Giftzähne. Mit diesen beißen sie das Opfer und spritzen ihr Gift in das Beutetier.

● Vipern haben besonders lange Giftzähne, die sie, wenn sie nicht benötigt werden, wegklappen können. Das ist auch nötig, denn sonst könnten sie ihr Maul nicht schließen!

## Warum starren Schlangen?

Schlangen starren, weil sie nicht blinzeln können. Und sie können nicht blinzeln, weil sie keine Augenlider haben. Jedes Auge wird von einer durchsichtigen Schuppe geschützt. Jedes Mal wenn sich die Schlange häutet, bekommen auch die Augen eine neue Schutzhaut.

## ? Wessen Zunge ist länger als sein Schwanz?

Die klebrige Zunge des Chamäleons ist nicht nur länger als der Schwanz, sondern länger als das ganze Tier! Die Echse schleudert sie blitzschnell heraus und zieht sie dann mit der Beute wieder ein.

## Warum verlieren Eidechsen ihren Schwanz?

Eidechsen können ihren Schwanz abwerfen, wenn sie angegriffen werden. Der Schwanz bewegt sich noch, was den Verfolger ablenkt und eine Flucht ermöglicht. Bald wächst ein neuer Schwanz nach.

## Warum lecken Geckos sich die Augen?

Die meisten Echsen haben Augenlider, Geckos aber nicht. Wie eine Schlange hat der Gecko eine schützende Schuppe vor dem Auge. Damit sie feucht und blitzsauber bleibt, benutzt der Gecko seine Zunge als Putztuch.

● Die meisten Echsen sind Landbewohner. Die Meerechse von den Galapagos-Inseln ist die einzige, die ganz im Wasser zu Hause ist.

## Gibt es noch Drachen auf der Erde?

Der Komodo-Waran kann zwar kein Feuer spucken und hat auch keine Flügel, aber er ist wahrhaft Furcht erregend. Er ist die größte Echse der Welt – länger als ein Auto und schwerer als zwei Ringkämpfer. Die ersten Menschen, die ihm begegneten, hielten ihn tatsächlich für einen Drachen!

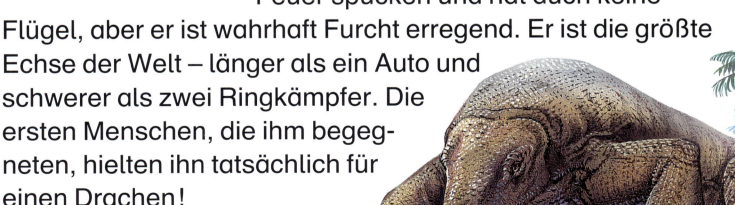

# Welches Tier ähnelt einem U-Boot?

Ein Alligator liegt so tief im Wasser, dass sein Körper wie ein U-Boot verdeckt ist. Augen, Ohren und Nasenlöcher sitzen weit oben am Kopf, so dass er auch noch sehen, hören und riechen kann, wenn der größte Teil seines Körpers unter Wasser ist. Andere Tiere bemerken ihn gar nicht — bis er zubeißt!

● Krokodile sind 100 Prozent wasserdicht! Wenn sie tauchen, verschließen sie Ohren und Nasenlöcher mit Hautklappen, und spezielle Augenlider funktionieren wie eine Taucherbrille.

Krokodil

Alligator

● Alligatoren und Krokodile auseinander zu halten ist ganz einfach: Sind bei geschlossenem Maul alle Zähne des Unterkiefers unsichtbar, handelt es sich um einen Alligator. Steht der vierte Unterkieferzahn vor, ist es ein Krokodil.

Gavial

● Gaviale gehören zur gleichen Tiergruppe wie Krokodile und Alligatoren.

## Was bringt ein Krokodil zum Lächeln?

Krokodile lächeln nicht wirklich, aber es sieht schon so aus. In Wahrheit hecheln sie, damit die Körperwärme durch das Maul entweicht und das Tier abkühlt.

● Hast du gewusst, dass Krokodile zum Zahnarzt gehen? Sie sperren ihr Maul auf und lassen sich von kleinen Vögeln die Nahrungsreste und kleine Insekten aus den Zähnen picken.

## Warum fressen Krokodile gemeinsam?

Wenn ein Krokodil ein großes Beutetier erlegt hat, nehmen bis zu 40 Artgenossen an dem Festmahl teil. Es mag so aussehen, als zankten sie sich um den Braten, doch die Tiere helfen einander nur, kleine Stücke abzureißen, die sie auch schlucken können.

● Weißt du, warum Krokodile manchmal Steine schlucken? Die Steine dienen als Ballast, damit das Reptil tiefer im Wasser liegt und nicht so leicht zu sehen ist.

# Warum "verkleiden" sich manche Reptilien?

Reptilien tarnen sich, damit man sie nicht sieht. Manche verstecken sich auf diese Weise, um ein leckeres Mahl zu ergattern. Ein gut getarnter Jäger wird erst entdeckt, wenn er bereits zuschlägt. Andere Reptilien tarnen sich, um sich zu schützen. Sie wollen nicht als Mittagessen eines anderen Tieres enden! Und dann gibt es noch Reptilien, die sich so kleiden, dass sie gefährlicher aussehen, als sie tatsächlich sind.

● Die Milchschlange ist vollkommen harmlos, schützt sich vor Feinden aber dadurch, dass sie so tut, als sei sie gefährlich. Sie trägt dasselbe Streifenkleid wie die hochgiftige Korallenotter. Kannst du einen Unterschied erkennen?

Korallenotter

Milchschlange

● Chamäleons sind die Meister der Tarnung. Sie können ihre Farbe so ändern, dass sie immer genauso aussehen wie ihre Umgebung — nun ja, fast immer!

- Die Greifschwanz-Lanzenotter im mittelamerikanischen Costa Rica ist leuchtend gelb gefärbt. Zwischen den Früchten der Goldfruchtpalme sieht man sie praktisch nicht.

- Der australische Blattschwanzgecko ist, wenn er an einem Baumstamm sitzt, nur mit Mühe auszumachen. Seine Sprenkelung deckt sich fast nahtlos mit der Zeichnung der Baumrinde.

- Einige Schildkröten haben flache, glatte Rückenpanzer, die wie Kieselsteine aussehen. So liegen sie gut getarnt im Flussbett und lauern auf Beute.

- Krokodile kann man durchaus mit im Wasser treibenden Baumstämmen verwechseln — aber nur, solange sie nicht zuschnappen!

# Welche Krabbeltiere sind Riesen?

Mit 33 Zentimetern ist die Riesenstabschrecke das längste Insekt der Erde. Das Tier, das einem Ast ähnelt, fände gerade noch Platz auf den aufgeschlagenen Seiten dieses Buches!

● Ein Schwergewicht unter den Krabbeltieren ist der Goliathkäfer. Er wiegt so viel wie ein Hamster.

Goliathkäfer

● Der zarte Monarchfalter hält den Rekord im Langstreckenflug. Jedes Jahr flattert er in Schwärmen 3 500 Kilometer weit von Kanada nach Mexiko!

● Mit bis zu fünf Stundenkilometern sprintet die tropische Schabe schneller als jedes andere Insekt!

Riesenstabschrecke

# Welche Krabbeltiere sieht man nur unter der Lupe?

● Noch vor den Dinosauriern schwebten auf der Erde gigantische Libellen durch die Lüfte. Einige waren groß wie Möwen!

Eine Erzwespe zu erkennen ist gar nicht so leicht. Sie wird nur so groß wie der Punkt am Ende dieses Satzes. Das Tier ist ein Schmarotzer. Es legt die winzigen Eier in anderen Insekteneiern ab.

● Der Atlasspinner hat von allen Krabbeltieren die größte Spannweite. Mit ausgebreiteten Flügeln passt er gerade noch auf einen großen Speiseteller!

# Was ist ein Insekt?

Ein Insekt besitzt drei Beinpaare, insgesamt also sechs Beine. Sein Körper ist in drei Teile gegliedert: Kopf, Brust (Thorax) und Hinterleib (Abdomen).

● Wie alle Insekten hat auch diese Schwebfliege drei Beinpaare und einen dreigeteilten Körper.

● Kellerasseln sind keine Insekten. Sie gehören zur gleichen Familie wie die Krebse, Hummer und Garnelen. Anders als ihre nahen Verwandten leben sie jedoch an Land und nicht im Wasser.

# Womit fliegt die Echte Fliege?

Echte Fliegen wie die Stubenfliege haben nur ein Flügelpaar. Schmetterlinge, Libellen und Eintagsfliegen besitzen zwei Flügelpaare. Sie zählen nicht zu den Echten Fliegen.

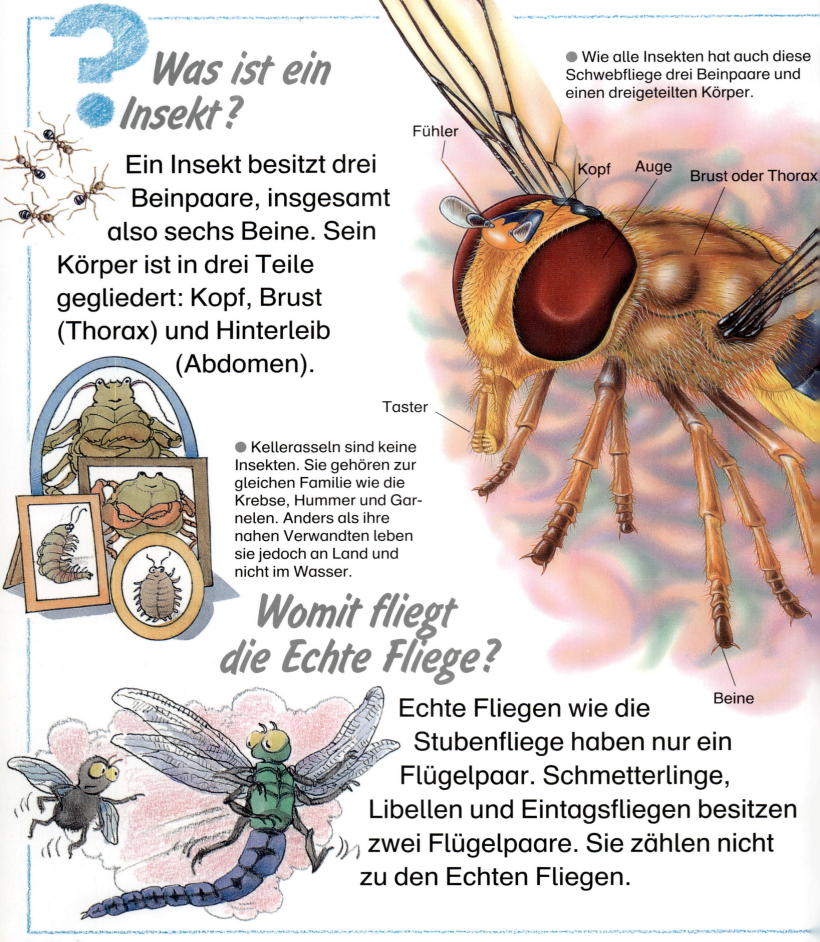

Flügel

Hinterleib oder Abdomen

## Was ist eine Wanze?

Wanzen sind Insekten mit nadelförmigen Saugrüsseln. Damit machen sie den Weg zur Futterquelle frei und saugen die flüssige Nahrung wie durch einen Strohhalm auf.

● Bettwanzen sind die Vampire der Insektenwelt. Nachts, wenn die Menschen zu Bett gegangen sind, krabbeln sie unter den Kissen hervor und ernähren sich vom Blut der Schlafenden.

● Hundertfüßer haben zu viele Beine, um noch als Insekt zu gelten. Eine Art muss sich sogar auf 176 Beinpaaren fortbewegen!

## Sind Spinnen Insekten?

Nein – denn eine Spinne hat acht Beine, zwei mehr als ein Insekt. Der Spinnenkörper ist außerdem nur in zwei Teile gegliedert, statt in drei. Kopf und Brust sind bei der Spinne verwachsen.

● Es gibt über eine Million Insektenarten – mehr als jede andere Tierklasse. Und noch immer entdecken die Forscher neue Arten!

## Wieso spinnen die Spinnen?

Das klebrige Netz einer Spinne ist Haus und Speisekammer zugleich. Insekten, die ins Netz fliegen, bleiben darin hängen. Blitzschnell wickelt die Spinne ihre Beute mit weiteren Spinnfäden ein. Sie spritzt einen Verdauungssaft in das Opfer, der es verflüssigt, und saugt den nahrhaften Brei auf!

● Typische Spinnennetze sind die kunstvollen Radnetze der Gartenkreuzspinnen. Aber es gibt noch viele andere Spinnennetze.

## Woher hat die Spinne den Spinnfaden?

Spinnen produzieren flüssige Seide in ihrem Körper, die sie als festen Faden aus den Spinnwarzen am Hinterleib ziehen.

● Ein Franzose wollte einst eine Spinnenzucht betreiben. Er gab die Idee bald auf. Doch er schaffte es noch, ein paar Strümpfe und Handschuhe aus Spinnenseide herzustellen.

● Alle Spinnen spinnen Seide, aber nicht alle weben Netze. Die Speispinne wirft giftige Klebefäden über ihre Beute.

## Welche Spinnen können fliegen?

Manche Jungspinnen spinnen einen langen Seidenfaden, sobald sie geschlüpft sind. An ihren Fäden hängend trägt der Wind die Spinnen oft viele hundert Kilometer durch die Luft. Die silbrigen Fäden nennt man Altweibersommer.

# Wie wird aus der Raupe ein Schmetterling?

Jeder Schmetterling durchläuft vier Entwicklungsstufen, bevor er erwachsen ist. In jeder Phase wechselt er Größe, Form und Farbe.

● Viele Insektenarten ändern ihre Form, während sie wachsen. Diese Veränderung nennt man Metamorphose.

**1** Ein Schmetterling legt seine Eier auf der Pflanze ab, die den Raupen später als Futter dient.

**2** Die Raupen sind unersättlich und wachsen sehr schnell.

**3** Schließlich spinnt jede Raupe eine feste Hülle um ihren Leib, die man Puppe nennt. In ihrem Inneren beginnt sich der Körper der Raupe zu verändern.

● Junge Insekten, die aus dem Ei schlüpfen, nennt man Larven oder Maden.

● Die Puppe schützt das Insekt wie eine verschlossene Schatzkiste, während es seine Körperform verändert.

● Raupen wachsen so schnell, dass ihre Haut platzt. Darunter tragen sie bereits eine neue, noch dehnbare Haut, die weiteres Wachstum erlaubt.

- Manche Insekten ändern ihr Aussehen nur geringfügig, wenn sie heranwachsen. Eine gerade geschlüpfte Heuschrecke heißt Nymphe und sieht ihren Eltern bereits sehr ähnlich.

- Auch die Haut der Nymphe platzt, wenn sie größer wird. Sie bildet aber keinen Puppenkokon, sondern wächst langsam zu einem ausgewachsenen Insekt (Imago) heran.

- Bis zu 50 000 Eier legt ein Schmetterlingsweibchen in ihrem kurzen Leben.

**4** Aus der Raupe in der Puppe ist ein Schmetterling geworden. Er befreit sich mühsam aus seinem Kokon. Im Sonnenlicht glätten sich die weichen, zerknitterten Flügel.

- Schmetterlinge brauchen keine feste Nahrung. Hin und wieder machen sie an einer Pflanze Halt und saugen Blütennektar als „Treibstoff" zum Fliegen.

# Welche Insekten tragen einen Panzer?

Käfer haben zwei Flügelpaare, aber sie benützen nur eines zum Flug. Die oberen Flügeldecken sind dick wie ein Panzer. Sie schützen die empfindlichen Flugflügel und den weichen Körper.

**1** Krabbelt der Käfer über den Boden, sind seine Flügel unter harten, schimmernden Flügeldecken verborgen.

**2** Setzt der Käfer zum Flug an, öffnet er die Flügeldecken und streckt die darunter liegenden Flügel aus.

● Woher der Giraffenrüssler seinen Namen hat, sieht man sofort: Sein Hals ist nämlich doppelt so lang wie sein Körper!

# Welcher Käfer greift zur Waffe?

Nimm dich vor dem Bombardierkäfer in Acht! Er beschießt seine Feinde mit einem heißen Chemikaliencocktail und macht dabei ein Geräusch, als ob er ein kleines Gewehr abfeuert.

# Wer ist Totengräber und Grabräuber zugleich?

Der Totengräber macht seinem Namen alle Ehre. Findet er ein totes Tier, höhlt er den Untergrund aus, bis das Tier ins Erdreich sinkt. Danach legt der Käfer seine Eier in den Körper des toten Tieres und schaufelt Erde darüber. Sind die Larven geschlüpft, finden sie eine gut gefüllte Speisekammer vor!

● Ähnlich wie Kinder Schneebälle für einen Schneemann rollen, formt der Pillendreher den Mist von Säugetieren. Die Kugel lässt er an einem sicheren Ort verschwinden, um sich später davon zu ernähren.

● Die alten Ägypter glaubten, dass ein riesiger Pillendreher die Sonne über den Horizont rollt.

**3** Der Käfer beginnt mit seinen Flügeln zu schlagen und gleitet schließlich durch die Luft.

# Warum torkeln Nachtfalter geblendet ins Licht?

Nachtfalter orientieren sich in der Dunkelheit am Mond und an den Sternen. Andere, grelle Lichtquellen verwirren sie nur. Sie umschwirren sie und stoßen sich daran.

# Warum leuchtet das Glühwürmchen?

Ein leuchtendes Glühwürmchen ist meist auf Partnersuche. Das Licht hilft den Tieren in der Nacht den Weg zueinander zu finden.

● Das Weibchen des nordamerikanischen Leuchtkäfers ist eine Schwindlerin. Sie sendet die Lichtsignale einer verwandten Art aus, lockt damit deren Männchen an und frisst sie!

## Können Heuschrecken Geige spielen?

Der Grashüpfer musiziert auf seinem Körper wie auf einer Geige. Wie ein Geigenbogen streicht er mit den Hinterbeinen gegen seine Flügel und erzeugt dabei ein lautes Zirpen. Viele Grashüpfer bilden ein kleines Orchester!

● Pochkäfer knabbern sich gern durch hölzerne Bodendielen. Sie locken ihre Partner durch das klopfende Geräusch ihrer Kiefer an. Früher glaubte man, dieses seltsame Klopfen sei ein Vorzeichen für den baldigen Tod eines Hausbewohners.

## Warum summt eine Mücke?

Mückenweibchen schlagen ihre Flügel bis zu 1 000 Mal pro Sekunde auf und ab. Dabei entsteht ein Summton, der die Männchen anlockt. Die Menschen holen beim Summen einer Mücke allerdings höchstens den Mückenspray!

● Das lauteste Insekt der Welt ist die Zikade. Ihr Zirpen ist noch in 500 Metern Entfernung, also über fünf Fußballfelder hinweg, deutlich zu hören.

# Gibt es auch Libellen unter der Wasseroberfläche?

Ja! Junge Libellen, die man auch Nymphen nennt, können noch nicht fliegen. Sie leben ein bis zwei Jahre in Tümpeln oder Bächen und wachsen dort heran.

**3** Libellen schimmern in allen Farben. Mit glasklaren, durchscheinenden Flügeln segeln sie pfeilschnell über die Wasseroberfläche.

**2** Ist die Nymphe voll entwickelt, klettert sie an einem Halm aus dem Wasser. Ihre Haut platzt auf und eine Libelle krabbelt aus der alten Hülle.

**1** Libellennymphen sind unerbittliche Jäger, die sich über alles hermachen, was sich bewegt.

# Welcher Käfer ist Rückenschwimmer?

Er heißt Rückenschwimmer. Er rudert mit den Hinterbeinen knapp unter der Wasseroberfläche dahin und liegt dabei immer auf dem Rücken. Offenbar liebt er den Blick zum Himmel.

● Die Listspinne ist eine begeisterte Anglerin. Sie lässt ihre Beine als Köder im Wasser baumeln. Beißt ein kleiner Fisch an, packt sie blitzschnell zu!

● Die Larven des Gelbrandkäfers heißen auf Englisch Wassertiger. Sie können es sogar mit einem Fisch aufnehmen!

● Die Wasserspinne wohnt in einem Unterwasserzelt aus Seide. Sie zurrt es mit Haltefäden fest, damit die Strömung es nicht wegtreibt.

# Die Pflanzenwelt

## ? Was ist eine Pflanze?

Pflanzen sind Lebewesen. Es gibt sie in allen Formen und Größen, von winzigen Wasserpflanzen bis hin zu mächtigen Bäumen. Pflanzen unterscheiden sich von Tieren in einem wichtigen Punkt: Sie können aus Sonnenlicht Nahrung für sich selbst herstellen. Tiere brauchen dagegen andere Lebewesen, um sich von ihnen zu ernähren.

## Wo wachsen Pflanzen?

Auf der Erde gibt es rund 380 000 Pflanzenarten, und sie wachsen fast überall – in Feldern, Wäldern, Wüsten und Gebirgen. Pflanzen brauchen Luft, Sonnenlicht und Wasser zum Leben. An völlig dunklen oder trockenen Orten gedeihen sie daher nicht.

● Alle Nahrung auf unserer Welt stammt ursprünglich aus Pflanzen. Ob du ein Ei, Wurst oder Käse verspeist, ist ganz egal. Ohne Pflanzen könnte kein Tier diese Lebensmittel erzeugen.

## Sind Pflanzen lebendig?

Pflanzen sind genauso lebendig wie du. Um zu wachsen, brauchen sie Luft, Nahrung und Wasser, und sie können viele neue Pflanzen ihrer Art hervorbringen. Steine und Felsen dagegen sind nicht lebendig. Sie brauchen keine Nahrung, wachsen nicht und bekommen keine Nachkommen.

● Seeanemonen und Korallen sehen zwar aus wie Pflanzen, tatsächlich sind sie aber Tiere.

## ❓ Warum haben Bäume Blätter?

Blätter erhalten die Bäume am Leben. Sie sind die Nahrungsmittelfabrik des Baumes. Die Blätter enthalten einen grünen Farbstoff – das Chlorophyll. Das Chlorophyll nutzt Wasser, Sonnenlicht und das in der Luft enthaltene Kohlendioxid, um daraus zuckerhaltige Nahrung zu machen. Als süßer, klebriger Pflanzensaft gelangen die Nährstoffe in alle Teile des Baumes.

● Hast du schon einmal auf einem Grashalm gekaut? Dann weißt du, wie süß der Pflanzensaft schmeckt. Das wissen auch hungrige kleine Raupen – und deshalb fressen sie Blätter!

## Warum verlieren manche Bäume im Herbst ihre Blätter?

Viele Blätter sind im Frühjahr und Sommer nützlich. Während der sonnenreichen Tage baut die Pflanze im Blattgrün Nährstoffe auf. Wenn die Tage kürzer werden, bleibt weniger Zeit, Nahrung herzustellen und der Baum muss von seinen Vorräten leben. Er wirft die Blätter ab.

● Die Art und Weise, wie Pflanzen in ihren Blättern Nahrung bilden, nennt man Photosynthese. Während der Photosynthese nimmt eine Pflanze Kohlendioxid aus der Luft auf und gibt Sauerstoff ab – ein Gas, das für uns alle lebensnotwendig ist.

● Bäume, die im Herbst ihre Blätter verlieren, nennen wir Laubbäume. Immergrüne Pflanzen haben robuste Blätter, die den Winter überstehen können. Auch diese Bäume verlieren ihre Blätter, allerdings nicht alle auf einmal.

## Warum werden im Herbst die Blätter bunt?

Das Chlorophyll lässt die Blätter grün aussehen. Im Herbst aber schwindet das Chlorophyll und damit auch die grüne Farbe. Darunter kommen die anderen Farben der Blätter zum Vorschein – wunderschöne rote, gelbe und goldene Farbtöne.

# Warum werden Wurzeln so lang?

Lange Wurzeln verankern eine Pflanze fest im Boden, damit sie nicht an stürmischen Tagen umfällt. Und sie übernehmen noch eine andere Aufgabe: Sie breiten sich nach allen Richtungen aus und nehmen Wasser und wertvolle Nährsalze aus dem Boden ringsherum auf. Die Wurzeln leiten dann die Mineralien nach oben in die Blätter.

● Tobt ein Sturm besonders stark, kann er manchmal Bäume entwurzeln. Wenn ein Baum krachend zu Boden fällt, werden die Wurzeln aus dem Erdboden gerissen.

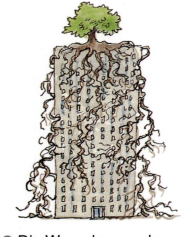

● Die Wurzeln mancher wilden Feigenbäume in Südafrika reichen bis zu 120 Meter tief in den Boden hinein. Würde man so einen Baum auf ein vierzigstöckiges Gebäude stellen, würden seine Wurzeln bis zum Boden gelangen.

● Am Ende der Wurzeln befinden sich winzige Wurzelhaare, die sich in kleine Zwischenräume in der Erde schieben.

● Sonnenblumen wachsen nicht nur dem Licht entgegen, ihre Blüten folgen auch dem Lauf der Sonne. Während die Sonne über den Himmel wandert, drehen sich die Blütenköpfe mit.

## Warum sind die Stängel gerade?

Pflanzen müssen ihre Blätter zum Sonnenlicht wenden, damit sie Nahrung herstellen können. Viele Pflanzen wachsen hoch hinauf und bilden gerade Stängel aus, um ihre Nachbarn zu überragen und so mehr Licht zu bekommen.

● Nicht alle Pflanzen haben gerade Stängel. Bei einigen biegt und ringelt er sich, rankt dem Licht entgegen und klettert dabei über benachbarte Pflanzen.

## Welche Bäume wachsen im Laubwald?

Natürlich vor allem Laubbäume mit großen, flächigen Blättern wie Ahorn, Eiche oder Buche. Die Blätter von Laubbäumen haben verschiedene Farben, Formen und Größen.

## Warum sind manche Wälder im Winter kahl?

Das Holz der Stämme und Äste ist hart und widerstandsfähig, aber das Laub der Bäume ist dünn wie Papier und sehr empfindlich. Es würde einen kalten Winter nicht überstehen. Wenn wir im Herbst unsere Jacken hervorholen, werfen die meisten Bäume ihre Blätter ab.

● Bäume, die im Herbst ihre Blätter verlieren, nennt man Laub abwerfend oder wechselgrün, im Gegensatz zu den immergrünen Bäumen. Die meisten Laubbäume sind wechselgrün. Aber es gibt auch Ausnahmen wie den Eukalyptusbaum, dessen Blätter die Lieblingsspeise des Koalas sind.

## Wieso haben Kiefern spitze Nadeln?

Kiefern gehören wie Tannen, Fichten und Eiben zu den Koniferen. So nennt man Zapfen tragende Nadelbäume. Wie die meisten Koniferen verliert die Kiefer im Herbst keine Nadeln, da diese so klein und hart sind, dass sie auch kalte, trockene Winter überstehen.

● Die kleinsten Zapfen von Nadelgehölzen sind nicht viel länger als ein Fingernagel. Die größten sind länger als dein Arm!

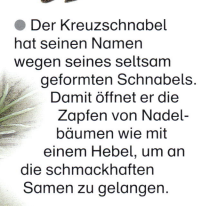

● Der Kreuzschnabel hat seinen Namen wegen seines seltsam geformten Schnabels. Damit öffnet er die Zapfen von Nadelbäumen wie mit einem Hebel, um an die schmackhaften Samen zu gelangen.

## Welche Pflanzen wachsen im Wasser?

Die Riesenseerose Victoria wächst in Südamerika. Ihre Wurzeln reichen tief in den Boden. Ihre gewaltigen Blätter schwimmen auf der Wasseroberfläche. Hier können sie am besten Sonne tanken! Um andere Pflanzen abzudrängen, rollen sich die Blätter am Rand nach oben ein.

● Die Blätter der Riesenseerose wachsen an langen, kräftigen Stängeln. Sie sind so stabil, dass ein Kleinkind darauf sitzen könnte, ohne unterzugehen.

## Welche Pflanzen sind am kleinsten?

Manche Algen werden riesengroß, aber es gibt auch Arten, die so klein sind, dass man sie nur unter dem Mikroskop erkennen kann. Die kleinsten von ihnen, Phytoplankton, treiben in den Meeren. Sie sind so winzig, dass Wale mit jedem Schluck Wasser Millionen davon auffangen!

● Die Blätter und Wurzeln der Wasserpflanzen bieten vielen Tieren Nahrung und Schutz. Doch sie eignen sich auch sehr gut als Versteck für Beute suchende Tiere.

## Wachsen Wälder auch im Meer?

In Amerika gibt es riesige Tangwälder vor der kalifornischen Küste. Tang ist eine Braunalge, die sich unterhalb der Wasseroberfläche an Felsen heftet und bandartige Stängel austreibt. Manche der Stängel werden bis zu 200 Meter lang – das ist so lang wie acht Schwimmbecken.

● Nicht alle Wasserpflanzen verankern ihre Wurzeln im Seegrund. Manche Meerespflanzen treiben auch im Wasser, denn sie haben kleine Luftspalten in den Blättern, die wie ein Schwimmring wirken.

# Welche Pflanze frisst Fleisch?

Die Venusfliegenfalle zum Beispiel. Wenn ein Insekt auf dieser Pflanze landet, erlebt es eine böse Überraschung! Sobald es die Härchen am Ende eines Blattes berührt, schnappt die Falle zu: Das Blatt umschließt das Insekt und zerquetscht es zu einem Brei, den die Pflanze aufnimmt.

● Wasserschlauch ist eine Fleisch fressende Pflanze, die unter Wasser lebt. Die Blätter sind mit Fangblasen ausgestattet, die vorbeischwimmende Tiere einsaugen.

● Wusstest du, dass Fliegenfänger zählen können? Wenn ein Insekt zum ersten Mal ein Härchen am Blattende berührt, bleibt die Falle offen. Berührt es das Härchen aber zum zweiten Mal, schnappt die Falle zu.

## ... stellt Insekten eine Falle?

Kannenpflanzen haben ungewöhnliche, becherförmige Blätter und locken ihre Opfer mit süßen Düften. Doch die Blätter sind spiegelglatte Fallgruben. Wenn ein Insekt über den Becherrand krabbelt, rutscht es in die „Kanne" und ertrinkt im Saft am Kannenboden.

● Viele Fleisch fressende Pflanzen wachsen auf feuchtem Moorboden, der sehr nährstoffarm ist. Sie müssen ihre karge Nahrung durch tierische Leckerbissen ergänzen.

## ... lockt mit Glitzertröpfchen?

Die Blätter des Sonnentaus sind mit feinen Härchen bedeckt, an denen klebrige Tröpfchen glitzern. Landet ein Insekt darauf, bleibt es kleben und verfängt sich in den Tröpfchen. Das Blatt faltet sich um das Tier, umschließt es und löst es in eine Art Fleischsuppe auf, die die Pflanze aufschlürft.

# Wie halten es Pflanzen in der Wüste aus?

Ohne Wasser kann kein Geschöpf überleben. Die Anpassung an das trockene Wüstenklima ist daher für jedes Lebewesen schwierig. Pflanzen saugen das Wasser an die Oberfläche. Sie nehmen dabei Wurzeln zu Hilfe, die tief in die Erde hinabreichen.

● Die Wurzeln der Mesquiten-Pflanzen erreichen sogar noch Wasseradern, die in 30 Meter Tiefe liegen.

● Hat es geregnet, geben Wüstenpflanzen das wertvolle Nass nicht mehr so schnell her. Einige Arten haben ihren Wasservorrat in fleischigen Blättern. Kakteen nutzen ihre dicken Stämme als Wasserspeicher.

# Warum hat der Kaktus Stacheln?

Wie mit einem Stacheldrahtzaun schützt sich der Kaktus mit Hilfe seiner Stacheln vor den meisten Fressfeinden.

- Kein Kaktus ist größer als der Riesensäulenkaktus. Er kann mit zwölf Metern so hoch wie ein Haus werden!

# Wann blühen in der Wüste die Blumen?

Einige Wüstenpflanzen erwachen erst dann zum Leben, wenn es regnet. Mit den ersten Regentropfen beginnen ihre Samen zu keimen und die Staubwüste verwandelt sich fast über Nacht in eine farbenprächtige Blumenwiese.

- Lass dich nicht vom verwelkten Aussehen der Welwitschia täuschen! Diese Wüstenpflanze kann nämlich mehr als 2 000 Jahre alt werden!

- Lebende Steine sind Pflanzen, die Kieselsteinen täuschend ähnlich sehen. Diese Tarnung schützt sie vor Fressfeinden.

# Warum haben Pflanzen Blüten?

Viele Pflanzen haben bunte, duftende Blüten, die Insekten und andere Tiere anziehen. Die Besucher laben sich am süßen Nektar in den Blüten und nehmen unbemerkt Pollen auf, feinen Blütenstaub, den sie zur nächsten Blüte weitertragen. Reibt sich der Pollen an dieser Blüte ab, kann sie Samen ausbilden.

● Diese Pflanze heißt Kussmund – kein Wunder! Das leuchtend rote Muster auf ihren Blättern lockt viele Besucher zu den winzigen Blüten.

● Viele Bäume und Gräser verbreiten ihren Pollen mit dem Wind. Sie müssen keine Bestäuber anlocken und brauchen daher auch keine leuchtenden Blüten.

● Pollenüberträger wie die Fledermaus haben eigentlich nicht vor, sich mit Pollen zu bekleckern. Doch die Kaktusblüte ist so geformt, dass die Fledermaus gar nicht anders kann!

# Wer trickst Bienen aus?

Die Blüten der Bienenorchidee sehen wie eine weibliche Biene aus und duften auch so. Männliche Bienen schwärmen heran um sich zu paaren – aber ... reingefallen! Die Pflanzen brauchen nur Postboten, die Pollenpäckchen abholen und zu benachbarten Orchideen bringen.

● Im Sommer fliegen manchmal so viele Pollen durch die Luft, dass einige Menschen niesen müssen. Die Armen! Dabei sind sie gar nicht erkältet. Sie haben Heuschnupfen.

# Welche Blume stinkt?

Die Blüte des Drachenwurz stinkt wie fauliges Fleisch! Schmeißfliegen aber lieben das. Diese Fliegen legen ihre Eier normalerweise in verwesende Tierkörper. Der Geruch der Pflanze täuscht sie und so krabbeln sie in die Blüte hinein, legen dort ihre Eier ab und nehmen dabei Pollen auf.

# Warum ist Obst so süß und saftig?

● Der Krallenaffe ist in den Regenwäldern Südamerikas zu Hause. Er ernährt sich hauptsächlich von Früchten, besonders von Feigen.

Pflanzen bringen leckere Früchte hervor, die die Tiere fressen. In jeder Frucht befinden sich Samen. Die Tiere schlucken mit der Frucht auch die Samen. Diese wandern durch den Körper und fallen mit dem Tierdung auf den Boden. In so gutem Dünger wachsen bald neue Pflanzen heran!

● Bestimmt hast du schon Samen durch die Luft segeln sehen: Löwenzahnsamen schweben wie kleine Fallschirme sanft zu Boden. Ahornsamen haben Flügel, mit denen sie auf die Erde herabkreiseln.

# Welche Pflanze schießt aus der Hüfte?

Die im Mittelmeerraum heimische Spritzgurke verbreitet ihre Samen auf ausgefallene Weise. Während die Frucht reift, füllt sie sich mit einem schleimigen Saft. Mit jedem Tag wird die Frucht draller, bis sie platzt und den Samen weit in die Luft schleudert.

## Welche Samen segeln davon?

Kokospalmen wachsen nahe am Meer und so fallen die reifen Kokosnüsse oft ins Wasser. Geschützt von ihrer harten Schale treiben sie auf die See hinaus. Nach einiger Zeit werden sie wieder an den Strand gespült, wo sie keimen.

● Früchte gibt es in allerlei Farben, aber die meisten Tiere scheinen rote am liebsten zu mögen.

## Wer wird vergessen?

Viele Tiere ernähren sich von Eicheln, der Frucht der Eiche. Eichhörnchen vergraben jedes Jahr im Herbst ein paar davon im Boden, um sie im Winter, wenn Nahrung knapp ist, zu vernaschen. Oft vergessen die Tiere allerdings, wo sie ihren Vorrat versteckt haben. Und so wachsen im Frühling neue Eichenbäume.

# Wann beginnt ein Samen zu wachsen?

In jedem Samen steckt der Keim einer neuen Pflanze. Dieser beginnt zu wachsen, wenn der Boden warm und feucht ist. Zunächst ernährt sich die Pflanze vom Nahrungsvorrat im Samen. Sobald sich die Blätter öffnen, stellt die Pflanze ihre Nahrung selbst her.

● Der Samen des Rosskastanienbaumes hat eine kräftige braune Schale. Diese fault im Winter ab und im Frühling sprießt eine junge Pflanze hervor.

**1** Der Bohnensamen quillt durch Wasser auf und platzt. Eine Wurzel wächst heraus.

**2** An den Wurzelzweigen bilden sich winzige Härchen.

**3** Ein Schössling keimt hervor und wächst dem Licht entgegen.

## Entstehen alle Pflanzen aus Samen?

Erdbeerpflanzen brauchen eigentlich keine Samen zur Vermehrung. Sie treiben Schösslinge, die man Ausläufer nennt. Wenn diese den Boden berühren, bilden sie neue Wurzeln, Blätter und Stängel – eine neue Pflanze entsteht.

● Die Coco-de-Mer-Palme ist die Pflanze mit dem größten Samen der Welt. Er wiegt gut 20 Kilogramm – so viel wie ein großer Sack Kartoffeln.

# Welche Pflanze wächst am schnellsten?

Bambusrohr ist die am schnellsten wachsende Pflanze auf der Welt. Manche Arten wachsen an einem Tag fast einen Meter. Bei diesem Tempo würden sie in einer einzigen Woche bis zum Dach eines zweistöckigen Hauses erreichen!

**4** Der Schössling bringt Blätter hervor. Jetzt kann der neue Bohnenableger seine Nahrung selbst herstellen.

● Ein Zykadeen-Baum in Mexiko hält den Rekord als die am langsamsten wachsende Pflanze. Nach 120 Jahren war er erst zehn Zentimeter hoch.

# ? Warum haben Bäume Dornen?

Bäume wie die Akazie haben spitze Dornen, um Pflanzen fressende Tiere fern zu halten. Aber das schützt sie nicht immer. Ziegen, Kamele und Giraffen zum Beispiel haben unempfindliche Lippen und Mäuler und lange, bewegliche Zungen, mit deren Hilfe sie um die Dornen herum kommen.

● Die Blätter an den unteren Eibischzweigen sind die dornigsten. Das soll Tiere abhalten, sie anzuknabbern. Weiter oben sind die Blätter außer Reichweite und deshalb viel weniger stachelig.

# Warum brennen Brennnesseln?

Berührt man eine Brennnessel, erzeugt das einen brennenden Schmerz. Auf diese Weise will sich die Pflanze schützen. Jedes Blatt einer Brennnessel trägt zahlreiche Brennhärchen. Berührt ein Tier die Härchen, ergießt sich ein Gift, das Schmerz verursacht. Au! So ein Blatt will das Tier bestimmt nicht mehr fressen.

# Was sind lebende Steine?

● Wolfsmilch ist eine giftige Pflanze, doch den Raupen des Chrysippus-falters bekommen sie ausgezeichnet. Sie werden dadurch selber giftig und deshalb nicht von Vögeln gefressen.

Lebende Steine gedeihen in den Wüsten Südafrikas. Sie besitzen zwei dicke, saftige Blätter, die Tieren sehr gut schmecken. Doch die Pflanze schützt sich, indem sie sich tarnt. Ihre Blätter sehen Kieselsteinen so täuschend ähnlich, dass Tiere daran vorbeigehen.

## Welche Pflanzen klettern dem Licht nach?

Im Regenwald bilden die Baumkronen der höchsten Bäume ein dichtes Blätterdach. Kleinere Pflanzen bekommen im Schatten darunter nicht mehr genug Licht. Die Epiphyten oder „Aufsitzerpflanzen", wachsen deshalb auf den Zweigen anderer Bäume. Sie „sitzen auf" und steigen so dem Licht nach.

## Welche Pflanze hat ihr eigenes Wasserbecken?

Bromelien sind Epiphyten, die in den Wipfeln der Urwaldbäume wachsen. Sie haben keine Wurzeln, um Wasser aufzunehmen. Wenn es regnet, fängt die Pflanze Regentropfen in einer Mulde in der Mitte ihrer Blätter auf. Diese winzigen Wasserbecken mögen Baumfrösche sehr!

- Im Regenwald ist es so feucht, dass die Blattspitzen vieler Pflanzen nach unten zeigen. So kann der Regen wie in einer Rinne zum Boden hin ablaufen.

- Lianen sind Kletterpflanzen, die in tropischen Regenwäldern von den Bäumen hängen. Manche Tiere nutzen sie als Seile, um sich daran von Baum zu Baum zu schwingen.

- Nicht alle Epiphyten sammeln Wasser in ihren Blättern. Einige, wie die Orchideen, haben lange Wurzeln, die das Wasser aus der dampfigen Luft wie ein Schwamm aufsaugen.

## Welche Pflanzen erwürgen und erdrücken andere?

Der Samen der Würgefeige keimt auf den Zweigen eines Baumes. Dort bilden sich Luftwurzeln, die allmählich die Zweige umwickeln, den Stamm des Wirtsbaumes umwachsen und nach unten streben. Die Würgefeige saugt alle Nährstoffe aus dem Boden und hungert den Wirtsbaum aus, bis er abstirbt.

# Wie entstand aus Pflanzen Kohle?

Vor dreihundert Millionen Jahren gab es riesige Wälder aus Bäumen und Farnen. Wenn die Pflanzen abstarben, wurden sie im Morast begraben. Während vieler Millionen Jahre wurden die Pflanzen immer weiter nach unten gedrückt und zusammengepresst. Dadurch wandelten sie sich zu schwarzem Gestein, zu Kohle.

● Die Kohle, die wir heute verbrennen, stammt von Pflanzen, die noch vor den Dinosauriern gelebt haben.

● Shampoo, Parfüm, Bademilch und Creme werden aus lieblich duftenden Pflanzen hergestellt. Deshalb duftest du so gut!

● In manchen Ländern fahren die Autos mit Kraftstoffen aus Mais, Kartoffeln oder Zuckerrohrpflanzen.

- Die Korken auf den Weinflaschen werden aus der Rinde der Korkeiche gemacht.

- Viele Arzneimittel, die wir in der Apotheke kaufen, sind aus Pflanzen hergestellt.

- Aus Kautschuk lassen sich allerlei nützliche Dinge herstellen. Kautschuk wird aus dem klebrigen Milchsaft des Gummibaumes gewonnen.

## Wie können wir Pflanzen nutzen?

Pflanzen liefern uns den lebensnotwendigen Sauerstoff und Nahrung. Zudem lassen sich aus Pflanzen viele nützliche Dinge herstellen, wie Papier, Kleidung oder Medizin. Jahr für Jahr entdecken Wissenschaftler neue Pflanzen und neue Methoden, sie zu nutzen. Hilf mit, unsere Pflanzen zu schützen!

**Baumwolle**

**Flachs**

- Die weichen Samenhaare der Baumwollpflanze werden zu Baumwollgarn versponnen. Leinen wird aus den Stängeln der Flachspflanze gewonnen.

# Register

## A

Aborigines 127
Abyssale Ebenen 160
Acanthostega 18
Ackerbau 37, 55
Aconcagua 162
Affe 217, 302
Afrika 34–35, 54, 87, 163, 171, 185, 307
After 110, 111
Ägaisches Meer 54
Agora 56
Ägypten 40–43, 48, 50, 172
Ahorn 290
Akazie 306
Akropolis 62
Alaskakette 162
Albatross 247
Algen 294
All siehe Weltall
Alligator 216, 266
Alpen 163
Alte Ägypter 40–53, 205
Alte Griechen 54–67
Alte Römer 68–83, 86
Amazonasbecken 130, 184
Ameise 127

Amerika 36, 86, 129, 162, 170, 184, 194, 199, 294, 295
Amphibien 18, 20, 225, 237
Amphitheater 71, 82–83
Anancus 32
Anasazi 86, 89
Anden 162
Antarktika 121
Antarktis 169
Appalachen 162
Aphrodite 63
Apollo 75
Apollo 11 138
Äquator 152, 170
Arabien 87, 99
Arandaspis 14
Ararat 163
Archaeopteryx 26
Ariane 4 138
Arktis 169
Armee 55, 58, 69, 71, 72
Arznei 311
Asien 36, 87, 93, 131, 163, 171, 185, 199
Asteroid 144
Astronom 137
Atacama-Wüste 170
Athen 56, 57, 62, 67
Athene 62, 63
Athleten 55, 66
Atlantik, Atlantischer Ozean 162, 156–157
Atlasgebirge 163
Atlasspinner 271
Atmosphäre 154–155
Atmung 17, 24, 109
Ätna 163
Atoll 167
Aufstoßen 111
Augen 105, 116, 263, 265
Augustus 71, 76
Außenskelett 13, 15, 219

Australien 87, 171, 185, 199
Australopithecus 34
Azteken 91

## B

Baby 108, 109
Baden 93
Bakterien 12–13
Bambus 305
Bär 83, 249
Bärlappgewächs 19
Bauchnabel 109
Bauern 37, 40, 41, 94, 95, 97
Baum 26, 183, 207, 286, 288–292, 300, 304, 305, 306
    Blatt 288–289, 294, 295
    Krone 186–187, 232
Baumkänguru 233
Baumriesen 183, 187
Baumwolle 311
Beaufort-Skala 196
Beduine 129
Beine 18, 272–273, 283
Ben Nevis 163
Berg 162–167
Bettwanze 273
Beuteltier 29, 232, 242
Biene 301
Bienenorchidee 301
Blattschwanzgecko 269
Blauwal 212–213
Blinddarm 111
Blindenhund 117

312

Blinder 117
Blitz 193, 200, 202–203
Blizzard 197
Blockgebirge 164–165
Blume 26, 301
Blut 109, 110
Blutgefäße 104, 109
Bodenschätze 174
Bogenschütze 91
Bombardierkäfer 278
Borneo 124, 176, 234
Brachiosaurus 23, 25
Bracken-Höhle 234
Brauner 256
Brennessel 307
Bromelien 308
Bronco 259
Brückenechse 261
Brüllaffe 231
Buch 100
Buchdruck 100
Buche 290
Burg 88–89, 92
Bürger (griech.) 57
Bürger (röm.) 71, 73
Burggraben 88, 92
Buschratte 244

# C

Caligula 70
Caudipterix 26
Chamäleon 264, 268
Cheops-Pyramide 48
China 87, 100, 101, 120
Chlorophyll 288–289
Chuckwalla-Leguan 229
Chukka 259
Coco-de-Mer-Palme 305

Compsognathus 23
Cooksonia 16
Cotopaxi 162
Cowboy 259
Cynodonten 21, 28

# D

Dachs 251
Darm 110, 111
Deer-Höhle 234
Delfin 214
Demeter 63
Diamanten 174
Diana 75
Dicksonia 13
Dimetrodon 21
Dinosaurier 22–28, 30–32, 175
Diplocaulus 18
Doline 179
Donner 201, 202
Dornen 306
Drachenwurz 301
Dromedar 223
Dschungel 131
Dunkleosteus 14

# E

Echoortung 235
Echse 260–261, 264–265
Echte Fliege 272
Ei 20, 29, 215, 225, 239, 240, 245, 246, 247, 260, 271, 276, 277
Eiche 182, 290, 303

Eichhörnchen 303
Eidechse 224, 228, 260, 264
Eintagsfliege 272
Eisbär 244
Eiswüste 121, 169
Eiszeit 36
Eizelle 108
Elasmosaurus 25
Elefant 32–33, 212, 222
Elektrizität 200
Elfenkauz 227
Elliptische Galaxie 141
Ente 249
Entenschnabeldinosaurier 26
Epiphyten 308, 309
Erdanziehungskraft 138
Erdbeben 161, 190–191
Erdbeere 304
Erde (Planet) 12, 87, 136, 139, 140, 144, 146–147, 152–155, 164
Erdhörnchen 226
Erdkern 153, 164
Erdkruste 153, 164
Erdmantel 153, 164
Erdöl 174–175
Erdplatten 164, 190
Erdumlaufbahn 139, 145, 147
Erfindungen 100–101
Erosion 165
Erzwespe 271
Esel 254, 255
Essen 78–79, 96–97, 110–111
Eukalyptus 232, 291
Euparkeria 22
Europa 36, 87, 93, 95, 96, 101, 131, 136, 171, 185
Evolution 13

313

# F

Falabella 256
Falbe 256
Faltengebirge 164–165
Fell 21, 36, 227
Felswüste 169
Festschmaus 79
Fingerabdruck 105
Fingertier 230
Fisch 14, 17, 18, 214, 215, 218
Flachs 311
Flamingo 250
Fledermaus 32, 234–235, 301
Fleisch fressende Pflanzen
    296, 297
Fleischfresser 17, 23, 27, 31,
    221
Flosse 215
Flöte 65
Flügel 24–25, 272, 278, 281
Flughuhn 225, 241
Flugsaurier 24, 26, 30
Fohlen 251, 255
Fortbewegung
    112–113
Fossilien 11,
    12, 16, 22, 24,
    27, 30, 34, 175
Frankreich 54
Frosch 216, 220,
    246, 260
Früchte 302–303
Fuchs (Pferderasse)
    256
Fuchskusu 232
Fudschijam 163

# G

Galaxie 136, 137, 140–141
Gartenkreuzspinne 274
Gavial 266
Gebärmutter 108, 109
Gebäude (Pferd) 252
Geb 45
Gebirgskette 162, 166
Geburt 109
Gecko 265
Gehirn 47, 104
Gehörlose 117
Gelbrandkäfer 283
Gestein 11, 12, 153, 164,
    172–173, 190, 193
Gewitter 200–203
Gibbon 217, 238
Gift 220–222, 228–229, 263,
    307
Gigantosaurus 27
Gila-Krustenechse 228
Giraffe 212, 223
Giraffenrüssler 278
Gjøvik-Höhle 132
Gladiator 82
Glühwürmchen 280
Gobi 125, 171, 175
Gold 174
Goliathkäfer 270
Gorilla 217, 238
Götter 41, 42, 44–45, 59,
    62–63, 66, 74–75
Grashüpfer 281
Great Dividing Range 163
Greifschwanz-Lanzenotter 269
Griechenland 54–56
Grottenolm 237
Guano 237
Gürteltier 247
Gutenberg, Johannes 100

# H

Haare 105, 129
Hades 63
Hadrian 70
Hadrianswall 68
Hai 15, 213, 214, 220, 221
Halbwüste 170
Hase 217, 244
Hatschepsut 43
Haubentaucher 243
Hausboot 125
Haut 105, 260
Hautsegel 21
Helium 142
Hengst 252
Hera 63, 66
Herde 255
Hermes 63
Herz 104
Heuschnupfen 301
Heuschrecke 277, 281
Hieroglyphen 53
Himalaya 122, 162–163
Himmel 140, 154–155, 200, 201
Hippodrom 83
Hochhäuser 76, 77
Hochland von Äthiopien 163
Höhle 36, 132–133, 176–181,
    234–237
Höhle von Nerja 180
Höhlen von Luray 181
Höhlenbach 178
Höhlenbewohner 132, 236–237
Höhlenfisch 236
Höhlengrille 237
Höhlensystem 176–178
Homer 63
Homo erectus 35, 37
Homo habilis 34
Homo sapiens 35

314

Hummer 217, 219
Hundertfüßer 219, 237, 273
Hunger 110, 111
Hurrikan 194, 198–199
Hylonomus 20
Hyracotherium 33

# I

Icaronycteris 32
Ichthyosaurus 25
Ichthyostega 18
Imago 277
Immergrüne Pflanzen 289
Indien 87, 101, 199
Indischer Ozean 87, 156–157, 163, 171
Inka 86, 95, 97, 99
Insekten 19, 215, 218, 219, 236–237, 270, 272–273, 276–281
Insektenfresser 28
Irreguläre Galaxie 141
Isis 44–45
Italien 54, 123

# J

Jaguar 230
Japan 87, 91, 119, 208
Juno 75
Jupiter 74, 144, 145
Jurte 125

# K

K2 163
Käfer 225, 278–279, 281, 283
Kaiser (röm.) 70–71
Kaiserpinguin 240
Kaktus 298–299
Kalahari 126, 171, 174
Kalifornien 183, 197
Kalifornischer Eselhase 226
Kalkgestein 178, 180–181
Kaltblüter 21, 257
Kalzit 180
Kamel 222– 224
Kammsaurier 21
Känguru 127, 233, 242
Kängururatten 225
Kaninchen 217
Kannenpflanze 297
Kanone 89
Karakorum 163
Karbon 19, 20
Karpaten 163
Kartoffel 97
Kasuar 233
Katze 250
Kaugummi 97
Kaukasus 163
Kaulquappe 246, 260
Kautschuk 311
Keilschrift 10
Kellerassel 217, 272
Kettenhemd 90
Kiefer (Baum) 291
Kiemen 215
Kieswüste 169
Kilimandscharo 162
Kinabalu 163
Kiri Te Kanawa 236
Kiwi 233
Klammeraffe 217, 231
Klapperschlange 228, 262
Kleinplanet 144, 145
Kleopatra 53
Klima 31, 36, 168
Klo siehe Toilette
Knappe 90
Knochen 104, 106, 107, 219, 260, 262
Knorpel 219
Koalabär 232
Kobra 221, 263
Kohle siehe Steinkohle
Kohlendioxid 16, 178, 183, 289
Kokon 277
Kokospalme 303
Kolibri 245
Kolosseum 82
Komet 144
Kommunikation 114–119
Komodo-Waran 265
Koniferen 291
König 94, 95
Königin 94, 95
Kontinentalschelf 160
Koralle 287
Korallenotter 268
Korallenpolypen 167
Körper (Mensch) 104–105
Körpersprache 115, 118–119
Körpersprache (Pferd) 254
Körpertemperatur 226, 261, 267
Krabbe 219
Krake 219
Krampf (Muskeln) 107
Krebs 218
Kreuzschnabel 291
Kriechtiere 215, 216, 218
Krieger 58
Krokodil 83, 216, 243, 260, 266–267, 269
Krokodilgott siehe Wassergott Sobek

315

Krone 43, 94, 95
Kröte 216, 225, 246
Kuckuck 239
Kugelblitz 203
Kussmund 300
Küsten-Mammutbaum 183

Lungenfisch 17
Lurch 215, 216, 218
Lyra 65

# L

Lagune 167
Lahare 205
Landpflanze 16–17
Landtier 18, 25, 27
Langhaus 124
Larve 276
Latein 80
Laub- und Mischwald 184–185
Laubbäume 184, 289, 290
Lava 164, 192
Lawine 204, 206–207
Lebende Steine 299, 307
Leber 104
Lehmhaus 128, 129
Lemur 242
Leopard 83, 243
Lhasa 122, 123
Liane 187, 309
Libelle 19, 271, 272, 282
Liopleurodon 25
Lippizaner 258
Listspinne 283
Löwe 82, 83, 248
Lucy 34
Luft 154, 155, 183, 195
Lunge 17, 18, 104, 214

# M

Made 276
Magen 104, 110, 111
Magma siehe Lava
Mammut 36
Mammut-Höhle 177
Marathon 67
Marianengraben 166
Markt, Marktplatz 71
Mars (Planet) 144, 145
Mars (Gott) 74
Masken 64
Matterhorn 163
Maulesel 255
Maultier 255
Mauna Kea 162
Maya 97
Meer 14–15, 25, 32, 152, 154, 156–161, 166, 194, 198, 208–209, 295
Meerechse 265
Meeressäugetier 32
Meerschweinchen 97
Meganeura 19
Megazostrodon 28
Menschenaffen 217
Merkur 144, 145, 147
Mesquiten-Pflanze 298
Metamorphose 276
Meteorit 31

Mexikanische Skorpion-Krustenechse 228
Mexiko 123
Milchschlange 268
Milchstraße 140–141
Mittelalter 86–101
Mittelatlantischer Rücken 160, 166
Mittelmeer 41, 54, 87, 157
Moeritherium 33
Mojave-Wüste 170, 175
Molch 260
Monarchfalter 270
Mond 138, 144, 145
Mongolen 91
Mont Blanc 163
Moschee 98
Mount Everest 162, 163
Mt. Cook 163
Mt. Kosciusko 163
Mt. Logan 162
Mt. McKinley 162
Mt. Whitney 162
Mücke 281
Mumie 46–47
Mund 104
Muskeln 104, 105, 106–107

# N

Nabelschnur 109
Nachtfalter 280
Nadelwald 131, 185, 291
Nahrung siehe Essen
Namib 171, 225
Nase 104, 105, 117
Nasenaffe 231
Nashornvogel 239
Nazca 129
Neptun 75, 145
Nero 70
Nerven 104, 116
Neuseeland 87, 236
Niederlande 125
Niemandsland 121
Nil 40, 41, 52, 205
Nilpferd 250
Nomaden 126–129
Nordamerika 162, 131, 170, 184, 194, 199
Nordamerikanische Schaufelfußkröte 225
Nordamerikanischer Leuchtkäfer 280
Nordpol siehe Pole
Nordpolarmeer 156–157
Norwegen 132
Nut 45
Nutzlast 139
Nymphe 277, 282

# O

Oase 40, 128
Obst siehe Früchte
Odysseus 63
Ohren 116
Olymp 62, 163
Olympische Spiele 66–67
Olympus Mons 163
Orang Utan 217, 238
Orbit 145
Orchidee 301, 309
Orkan 196
Osiris 44–45
Otter 268, 269
Ozean siehe Meer
Ozonschicht 155

# P

Painted Desert 173
Pakicetus 32
Palomino 256, 258
Panda 246
Panzer 269, 278
Panzerfisch 14
Papier 52–53, 311
Parlament 94
Parthenon 62, 63
Pavian 251
Pazifik, Pazifischer Ozean 156–157, 163, 171
Pelycosaurier siehe Kammsaurier
Persien 87
Pest 93
Pferd 33, 251, 252–259
Pferderasse 256

Pflanzen 286–311
Pflanzenfresser 16–17, 23, 26, 31
Phalanx 59
Pharao 42–43, 48, 49
Pheidippides 67
Photosynthese 289
Phytoplankton 294
Pillendreher 279
Pilzfelsen 173
Pilzmücke 236
Pinguin siehe Kaiserpinguin
Pisan, Christine de 98
Pizza 78
Planet 136, 137, 144–147, 154
Pluto 145
Pochkäfer 281
Pole 36, 121, 154
Pollen 300–301
Polo 259
Pony 253, 256
Popocatepetl 162
Poseidon 63
Priester 45
Protuberanz 142
Proxima Centauri 149
Pterodaustro 24
Pterosaurier 24–25
Puppe (Raupe) 276–277
Pyramide 41, 48–49, 172
Pyrenäen 163
Python 213

# Q

Qualle 218
Quetzalcoatlus 24

# R

Rakete 138–139
Ramme 60
Rappe 256
Raumschiff 138–139
Raumsonde 139
Raupe 276–277
Regen 168–170, 186, 198, 204, 298–299
Regenwald 130–131, 184, 186–187, 230–231, 308, 309
Reptilien 20–22, 24–25, 29, 30, 260–269
Riesenstabschrecke 270
Riesenvenusmuschel 247
Ritter 90–91, 94
Rocky Mountains 162
Rodeo 259
Rom 68–69, 70, 71, 73, 76
Römische Schildkröte 72
Römisches Reich 68–69
Romulus und Remus 68
Rosskastanie 304
Roter Riese 147
Rotes Meer 41, 159
Ruby Falls 179
Rückenschwimmer 283
Russland 121, 184
Rüstung 59, 73, 90–91

# S

Säbelzahnkatze 33
Sahara 127, 168, 170–171, 174
Salz 158, 174
Salzwasser 158
Samen 131

Samen 299, 302, 303, 304–305, 309
Samenzelle 108
Samurai 91
San 126
Sanddüne 172–173
Sandwüste 169, 171, 172
Sarawak-Kammer 176–177
Sarkophag 46
Satellit 139
Saturn 145
Saturn V 138
Sauerstoff 16, 17, 109, 154, 155, 183, 289, 311
Säugetier 28–29, 32, 34, 214, 217, 218
Saugrüssel 273
Saumur 133
Schacht 179
Schaf 37
Schaumzikade 245
Schauspieler 64
Scheide 109
Schiff 60–61
Schildkröte 65, 260, 261, 269
Schimmel (Pferderasse) 256, 258
Schimpanse 217, 238, 249
Schlange 74, 213, 220, 228, 260–263, 268
Schmetterling 212, 272, 276–277
Schneesturm 196, 197
Schona 89
Schössling 304, 305
Schrift 10, 53, 81, 99
Schule 53, 56, 80, 98, 131
Schwangerschaft 108

Schwanz 224, 226, 228–230, 264
Schwarze Raucher 167
Schwarzer Tod siehe Pest
Schwarzes Gold siehe Erdöl
Schwarzes Meer 159
Schwarzkäfer 225
Schwebfliege 272
Seeanemone 287
Seebeben 161
Seeotter 248
Seepferdchen 240
Seerose 294
Seeskorpion 15
Sehne 107
Seide 274, 283
Seitenstechen 107
Senator 71
Shabono 130
Shanxi (Provinz) 132
Shetland-Pony 256
Shire-Horse 257
Sierra Nevada 162
Silber 174
Sinne 116
Sinter 181
Sirius 142
Skarabäus 44
Skelett 218, 219, 260
Sklaven 57, 71, 78, 82
Skorpion 15, 219, 229
Solarkraftwerk 175
Soldaten 58–59, 72–73, 74
Sonne 16, 31, 140, 144, 145, 146, 147, 148–149, 154–155, 169, 175, 195, 288, 293
Sonnenblume 293
Sonnenfleck 148
Sonnengott 40, 42, 44
Sonnensystem 144–145, 147

Sonnenuhr 101
Space Shuttle 138
Sparta 57, 58, 59
Speiseröhre 111
Speispinne 275
Spiel 81
Spinne 219, 237, 273–275
Spinnennetz 274–275
Spinnrad 101
Spiralgalaxie 140, 141
Sport 66–67, 132, 259
Sprache 80, 114–115, 117
Spritzgurke 302
Stachel (Kaktus) 298
Stadtstaat 56, 57
Stalagmiten 180–181
Stalaktiten 180–181
Stängel 293, 295
Staubwüste 299
Steinkohle 19, 175, 310
Steinkohlenzeitalter 19
Steinwerkzeug 34
Stern 136–137, 140–143, 145, 148–149
    Zusammensetzung 142, 143
Sternbild 142
Sternenlicht 143
Stethocanthus 15
Stichling 241
Stimme 115
Stockmaß 253
Stollen 179
Strauß 212
Stromatolith 12
Stubenfliege 272
Stute 252
Südamerika 95, 162, 170, 184, 199, 294
Südpol, siehe Pole
Süßwasser 158

# T

Taifun 198–199
Tang 295
Tanne 291
    Zapfen 291
Tarnen 268–269, 299, 307
Tauchervogel 243
Tausendfüßer 219
Taverne 76, 78
Taweret 44
Tempel 41, 45, 50, 55, 56, 59, 62, 75, 98
Theater 55, 57, 64–65
Thron 94
Tian Shan 163
Tibet 122
Tiefseekuppe 161
Tiger 220
Tigerschecke 256
Tischmanieren 96
Toilette 92, 110
Tornado 194
Totengräber 279
Trampeltier 223
Treiberameise 187
Treibhauseffekt 154
Trilobit 13
Triremen 61
Trockenwüste 168, 170
Tropfsteine 180–181
Tropische Schabe 270
Tsunami 208–209
Tuareg 127
Tuatara vgl. Brückenechse
Tupaja 239
Türkei, Türken 54, 91
Tyrannosaurus 27

# U

Überschwemmung 198, 204–205
Uhr 101
Unterholz 187
Ural 163
Uranus 145
Urin 110
Urknall 136
Urzeit 10–11, 15, 19, 37

# V

Venedig 123
Venus 74, 144
Venusfliegenfalle 296
Verdauung 110–111
Verlies 88
Verständigung siehe Kommunikation
Viper 263
Vogel 26, 215, 218, 233, 239, 245
Volksversammlung 57
Vorgeschichte 10
Voronja- (Krubera-) Höhle 176
Vulkan 161, 164, 166–167, 192–193
Vulkangebirge 164

# W

Waffen 59, 90–91
Wagenrennen 83
Waitomo-Höhle 236
Wal 32, 212–213
Wald 182–187, 295
Wanderung 35, 126, 129, 130
Wanze 273
Warmblüter 21
Wassergott Sobek 44
Wasserpflanze 286, 295
Wasserschlauch 296
Wasserspinne 283
Wasserstoff 142
Wasseruhr 57, 101
Weberknecht 237
Weißkopfseeadler 245
Weltall 136–149, 152, 154
Welwitschia 299
Widerristhöhe 253, 257
Wind 194–197, 200, 202
Windmühle 101
Wirbellose 218, 219
Wirbelsäule 14, 218
Wirbelsturm 194, 198–199
Wirbeltier 15, 218
Wohnhöhle 132, 133
Wolf 83
Wolfsmilch 307
Wolke 155, 200, 202
Wolkenkratzer 124
Würgefeige 309
Wurm 218
Wurzel 292, 298, 304
Wüste 125, 126–129, 168–175, 298–299
Wüstenfuchs 226
Wüstengoldmull 227
Wüstenpflanze 298–299
Wüstenspringmaus 225

# Y

Yanomami 130

# Z

Zahlen 53, 81, 99
Zähne 221, 253, 263, 267
Zebra 254
Zeichensprache 117
Zeitkapsel 115
Zelt 125, 129
Zepter 94
Zeus 63, 66
Ziege 37
Zikade 281
Zirkus 83
Zugbrücke 88
Zunge 264, 265
Zykadee 305
Zyklon 199